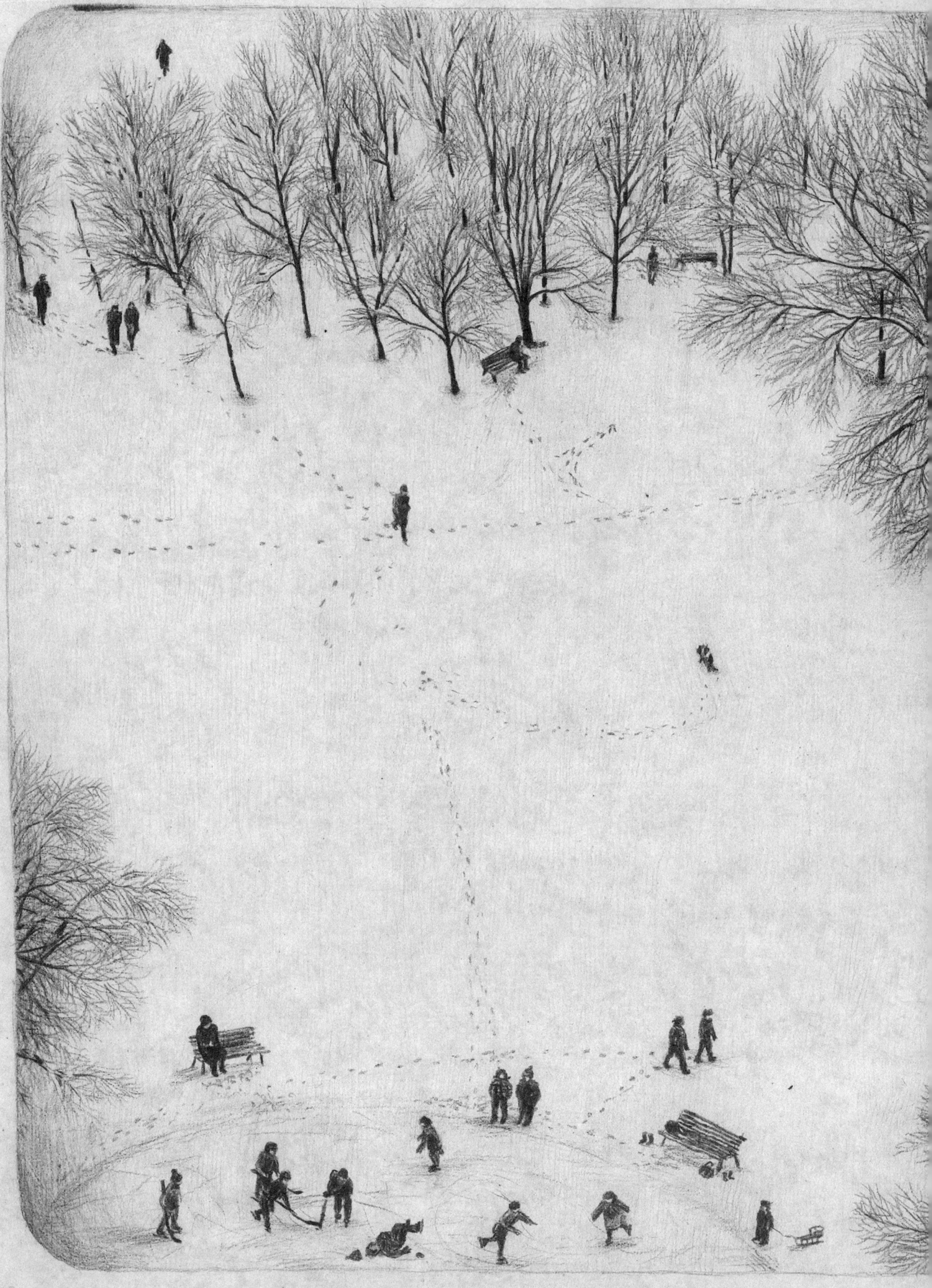

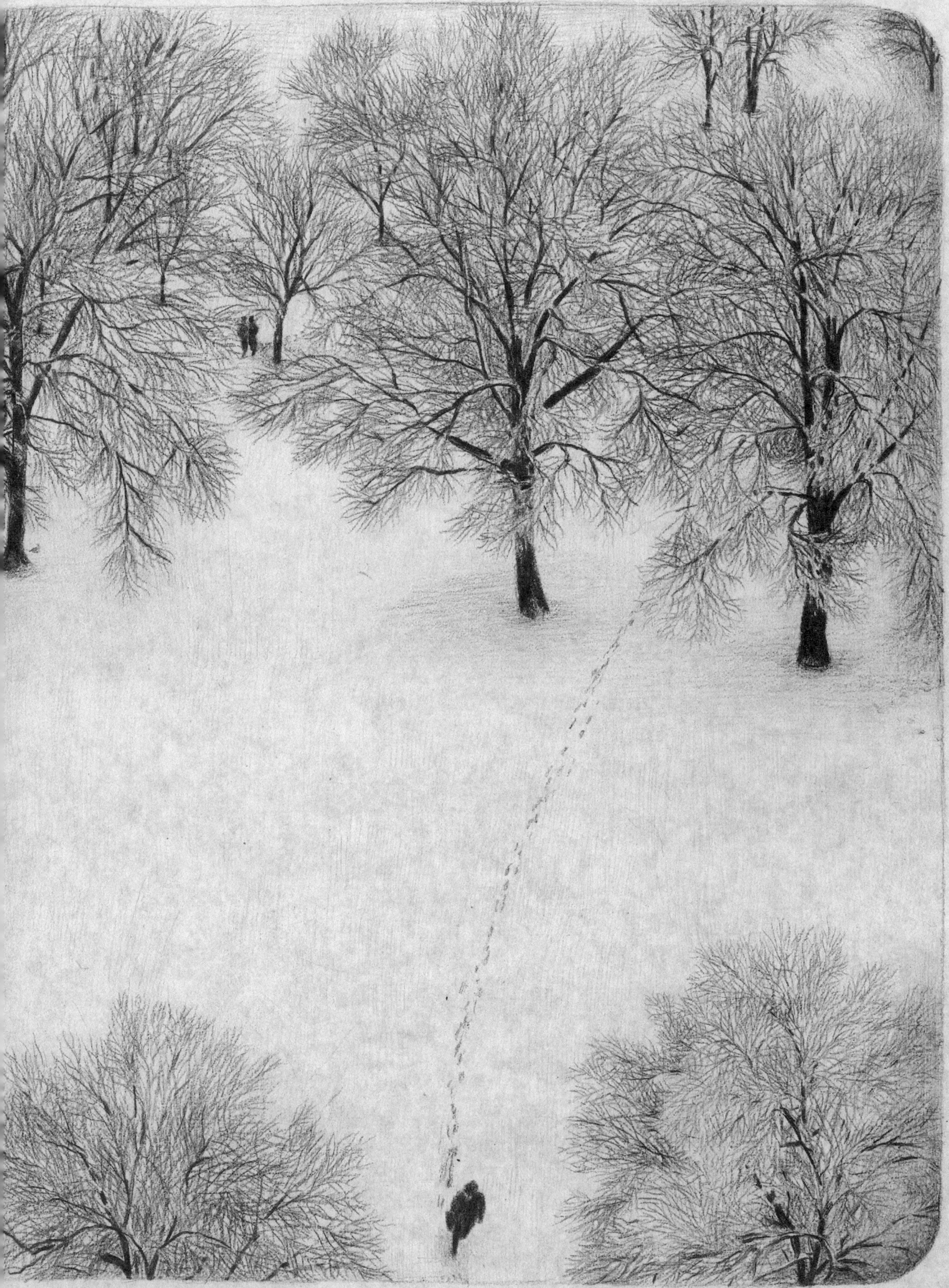

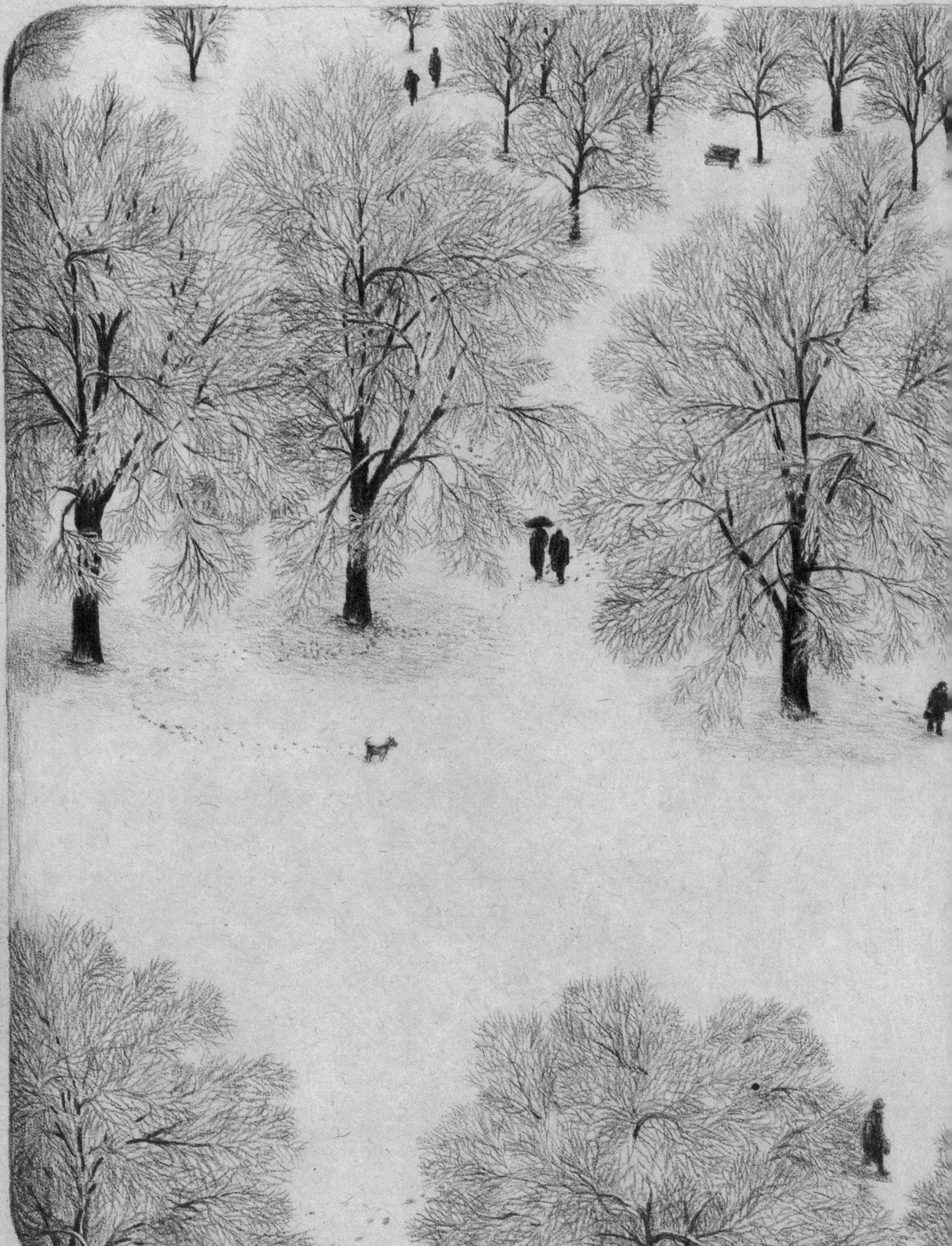

Si alguien pudiera contemplarnos desde arriba, observaría que el mundo está lleno de personas apresuradas, sudorosas y exhaustas, y que sus almas también están perdidas...

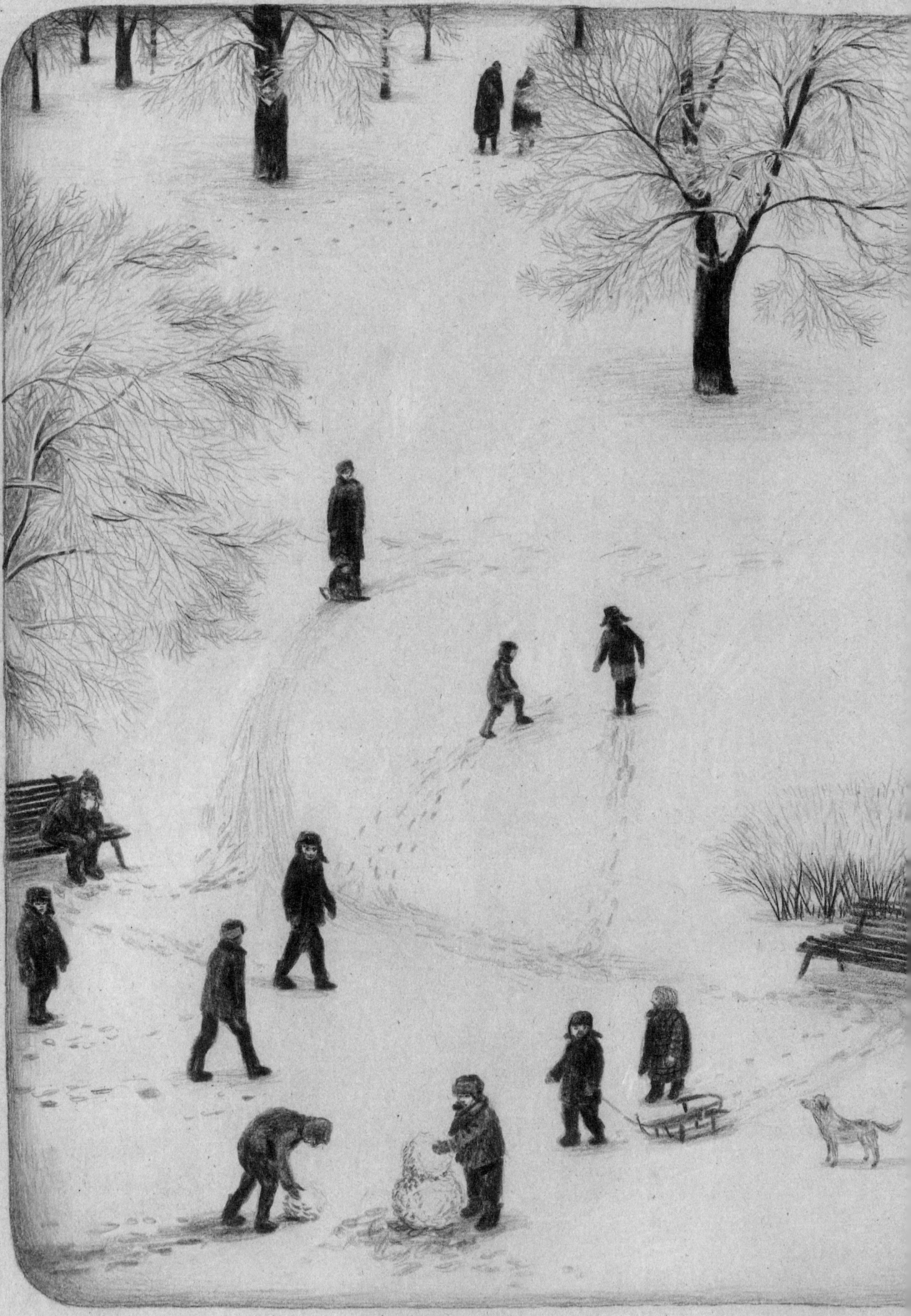

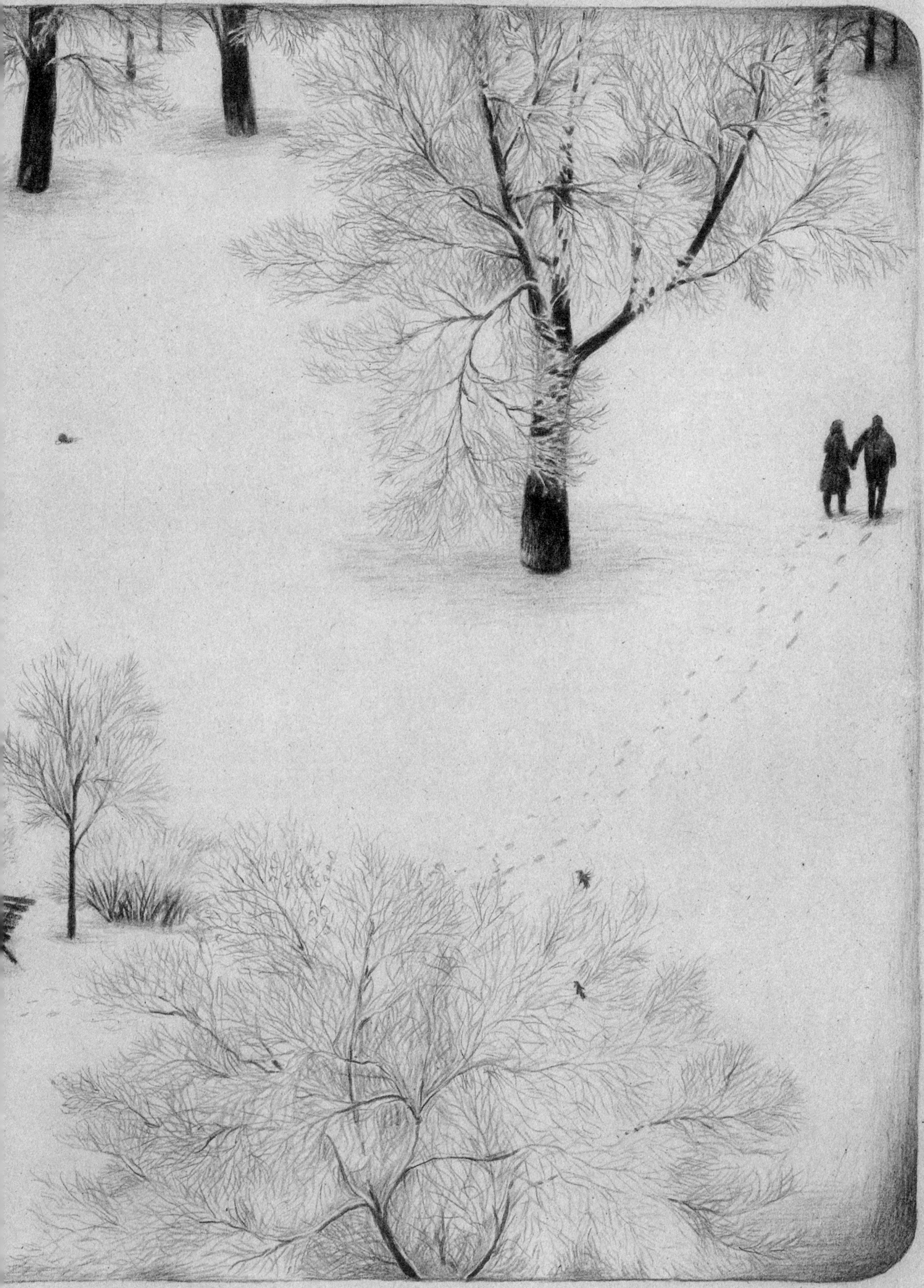

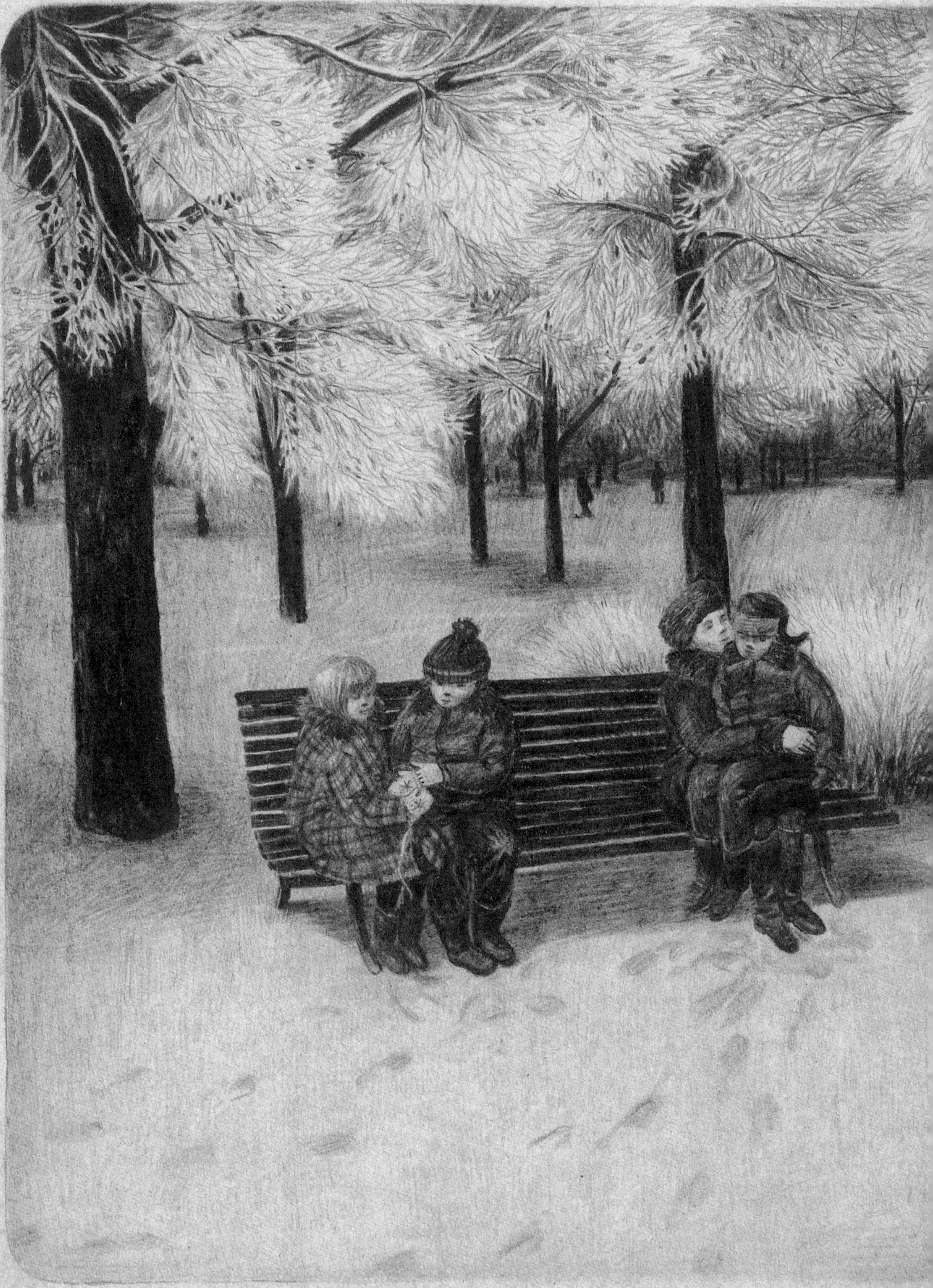

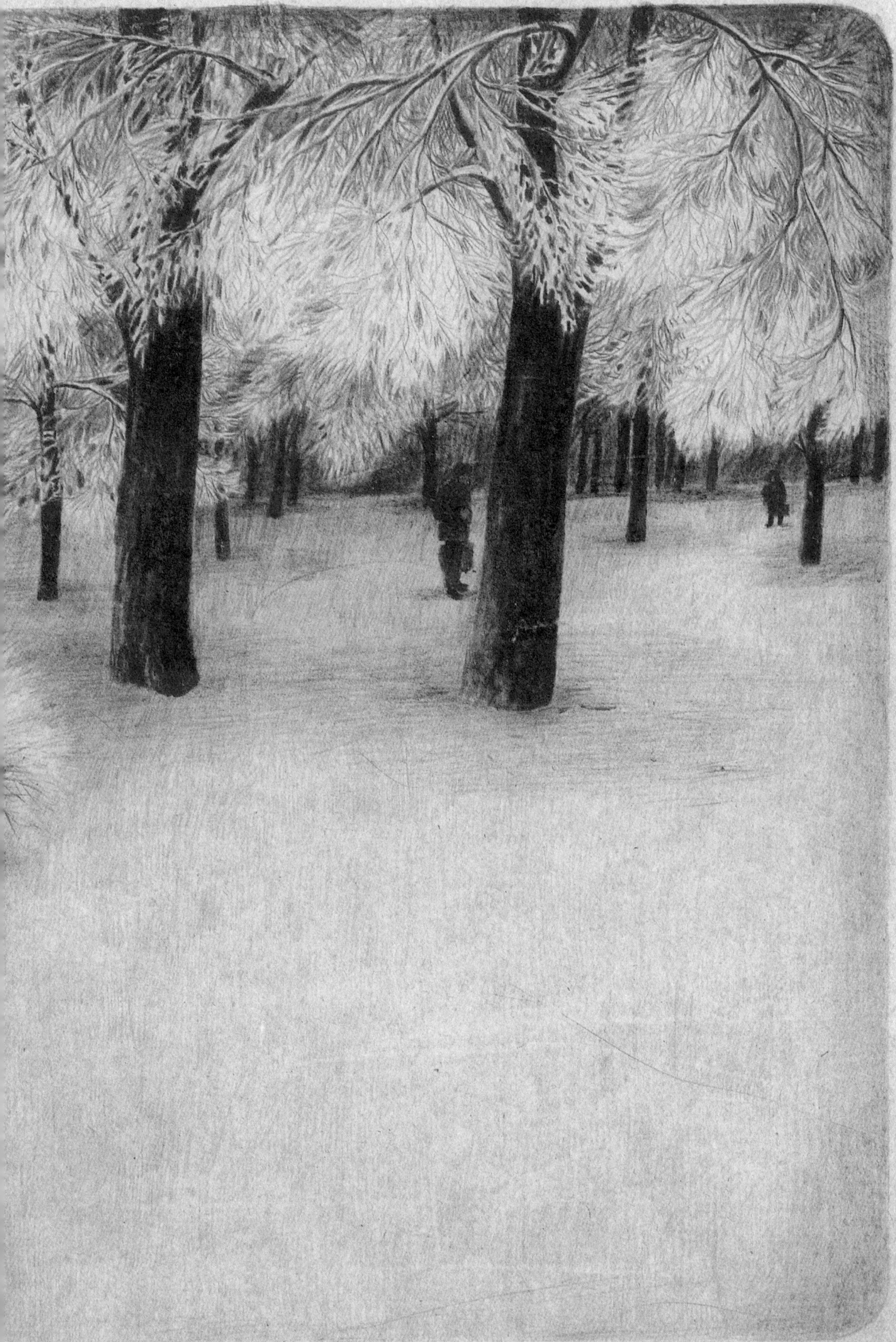

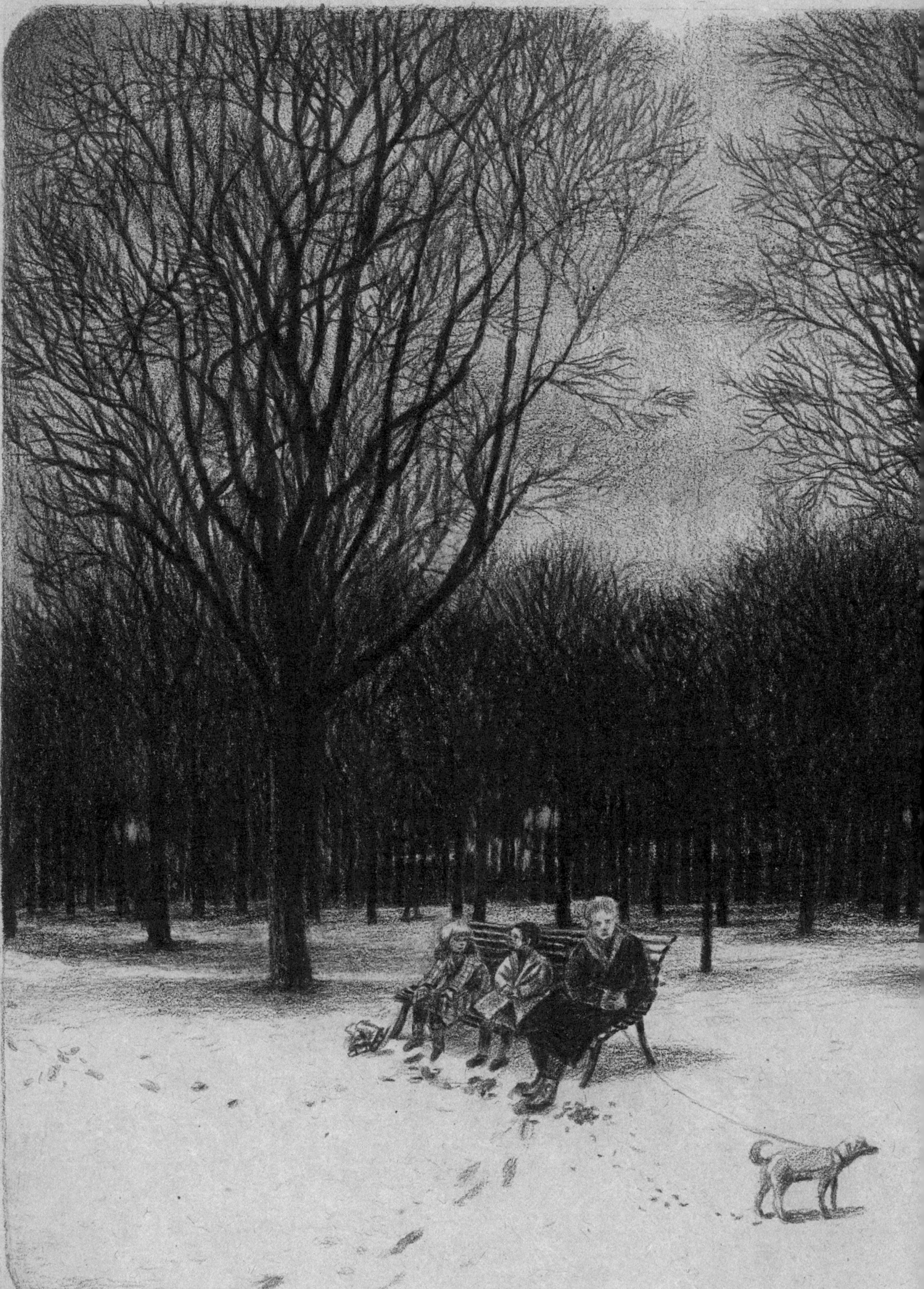

El alma perdida

Olga Tokarczuk
Joanna Concejo

Traducción: Xavier Farré Vidal

thule

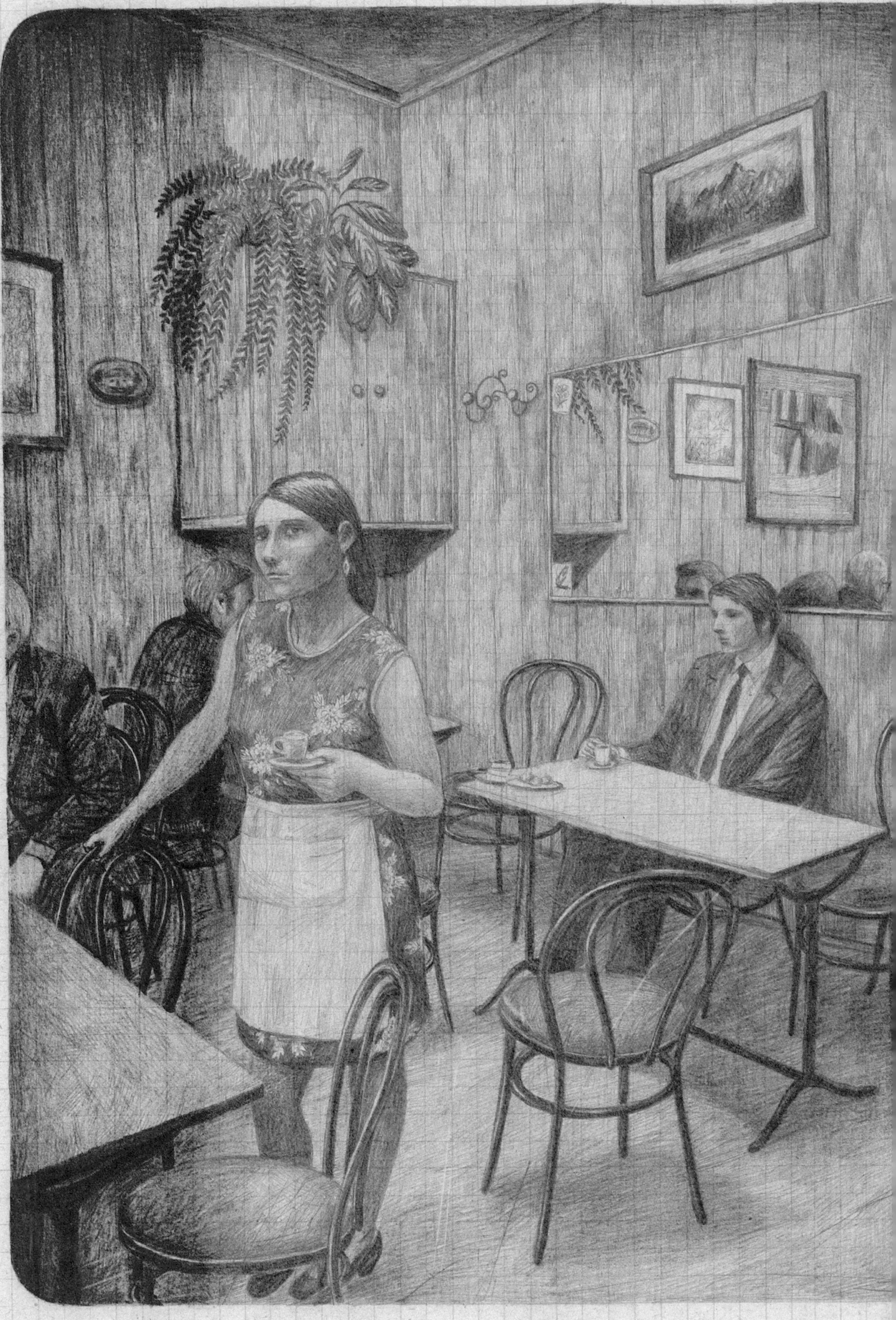

Había una vez un hombre con una vida tan ajetreada y acelerada que, hacía ya mucho tiempo, había dejado atrás, muy lejos, su propia alma. Incluso sin alma llevaba una buena vida: dormía, comía, trabajaba, conducía y también jugaba al tenis. Aunque a veces tenía la sensación de que a su alrededor todo se había convertido en algo plano, como si se desplazara por la hoja lisa de un cuaderno de matemáticas, una hoja cubierta totalmente por cuadraditos idénticos.

En una ocasión, durante uno de sus frecuentes viajes, en una habitación de hotel, el hombre se despertó en mitad de la noche y sintió que apenas podía respirar. Miró por la ventana, pero no sabía muy bien en qué ciudad se encontraba, pues desde las habitaciones de un hotel todas las ciudades se parecen. Tampoco sabía muy bien cómo era que se encontraba allí ni por qué. Y, por desgracia, también había olvidado su nombre. Era una sensación muy extraña ya que no tenía idea de cómo debía dirigirse a sí mismo. Así pues, se quedó en silencio. Durante toda la mañana no se dirigió la palabra ni una sola vez y entonces se sintió realmente solo, como si en el interior de su cuerpo no hubiera nadie. Frente al espejo del baño, se veía como una franja borrosa. Por un instante tuvo la sensación de que se llamaba Andrzej, pero al cabo de nada estaba seguro de que su nombre era Marian. Al final, aterrado, buscó en el fondo de la maleta su pasaporte y entonces vio que se llamaba Jan.

Al día siguiente fue a la consulta de una doctora anciana y sabia, que le dijo las siguientes palabras:

—Si alguien pudiera contemplarnos desde arriba, observaría que el mundo está lleno de personas apresuradas, sudorosas y exhaustas, y que sus almas también están perdidas, y siempre llegan tarde, incapaces de seguir el ritmo de sus dueños. Esto produce una gran confusión, las almas pierden la cabeza y las personas dejan de tener corazón. Las almas saben que han perdido a sus dueños, pero la gente en general no suele darse cuenta de que ha perdido su propia alma.

Aquel diagnóstico preocupó mucho a Jan.

—¿Cómo es posible? ¿También yo he perdido mi propia alma? —preguntó.

La sabia doctora le respondió:

—Esto ocurre porque la velocidad a la que se mueven las almas es muy inferior a la de los cuerpos. Es así porque las almas nacieron en tiempos remotos, después del Big Bang, cuando el universo aún no se había acelerado tanto y todavía podía mirarse en el espejo.

»Debe buscar un lugar propicio para sentarse allí tranquilamente y esperar a su alma. Seguramente aún se encuentre donde usted estuvo hace dos o tres años. Así que la espera puede tardar un poco. No creo que tenga usted más remedio.

Así hizo, pues, el hombre llamado Jan. Encontró una casita en las afueras de la ciudad y allí se sentaba cada día en una silla y aguardaba. No hacía nada más. Aquello duró muchos días, semanas, meses. A Jan le crecieron los cabellos y la barba le alcanzó hasta la cintura.

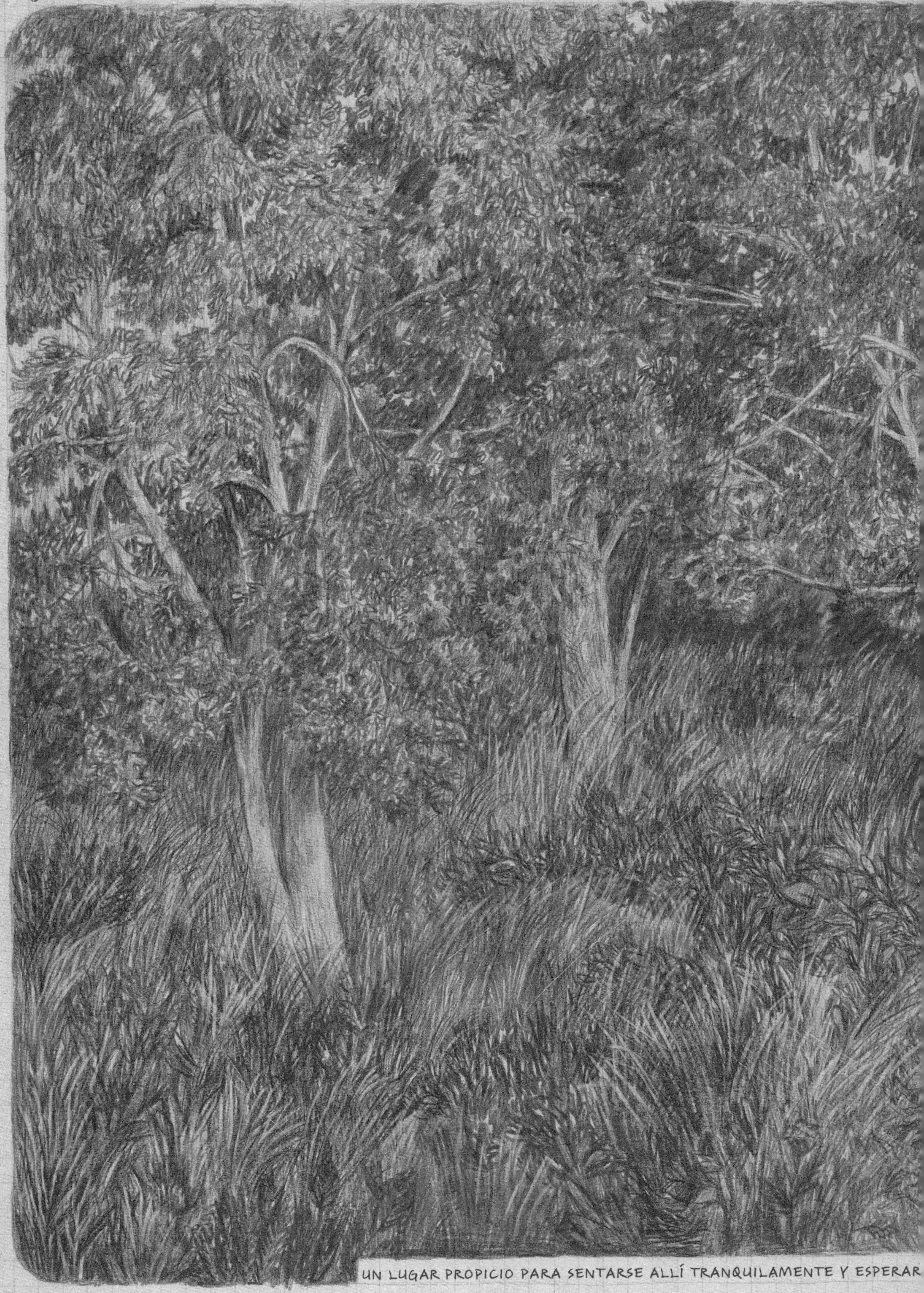
UN LUGAR PROPICIO PARA SENTARSE ALLÍ TRANQUILAMENTE Y ESPERAR

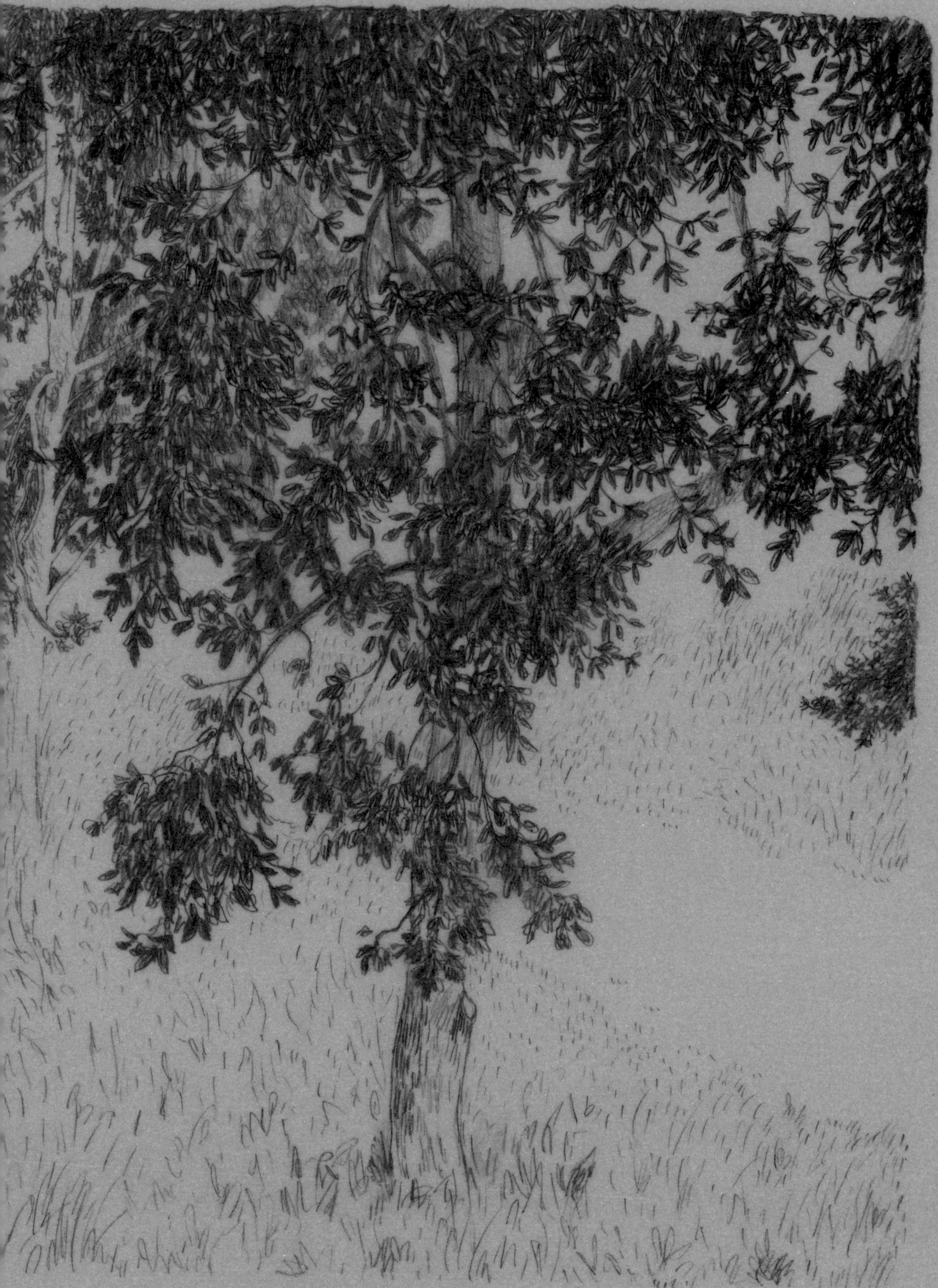

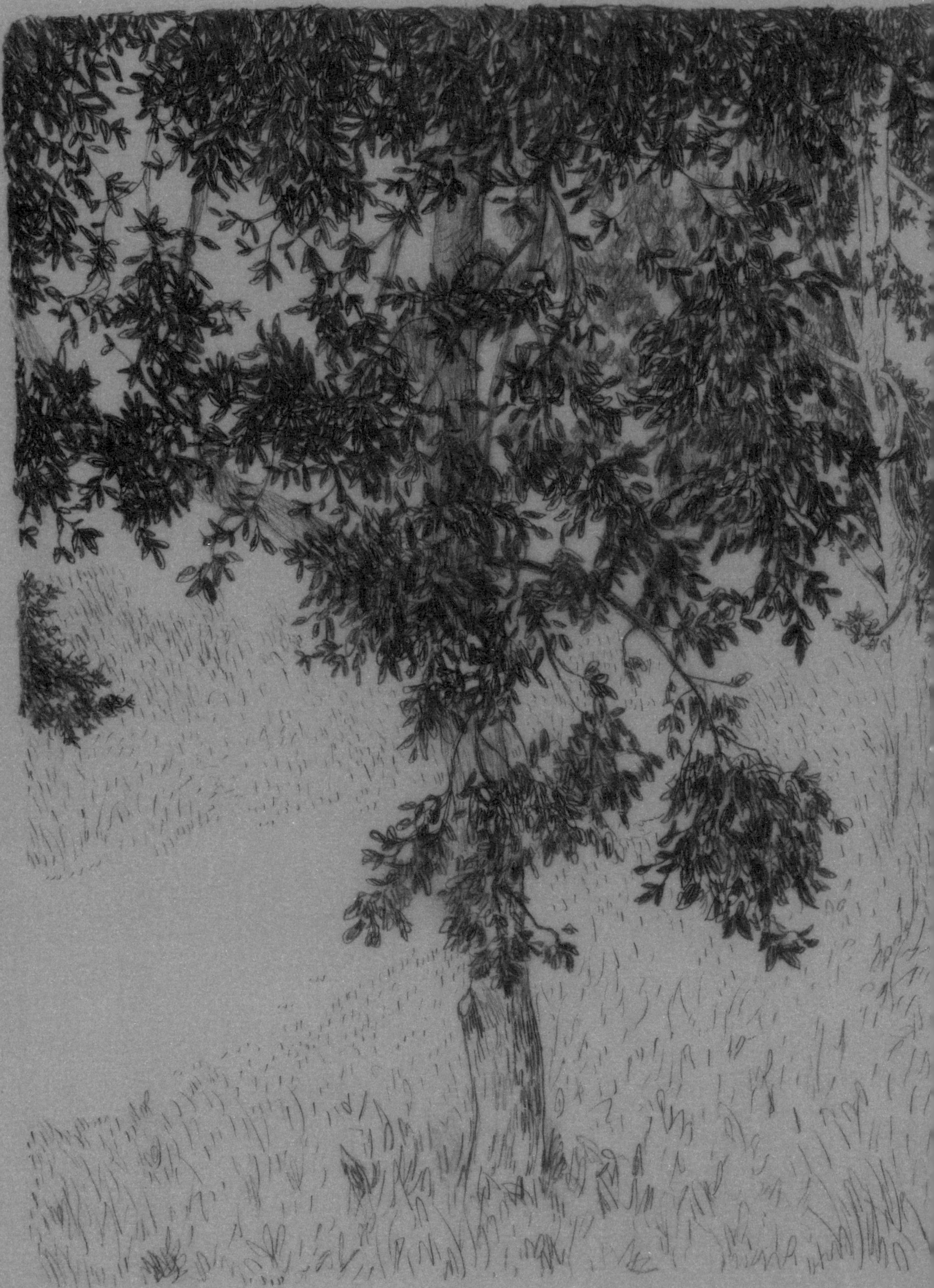

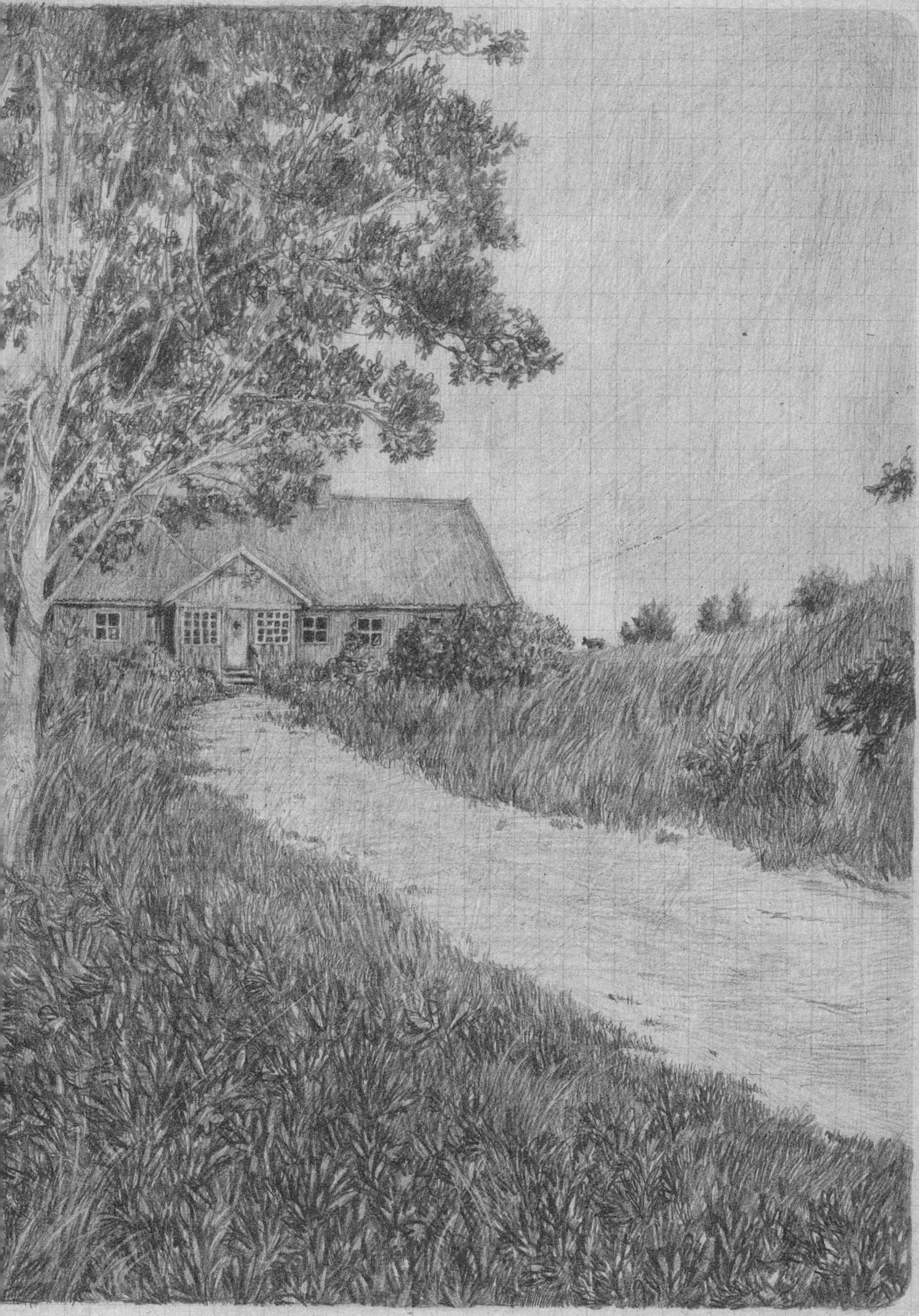

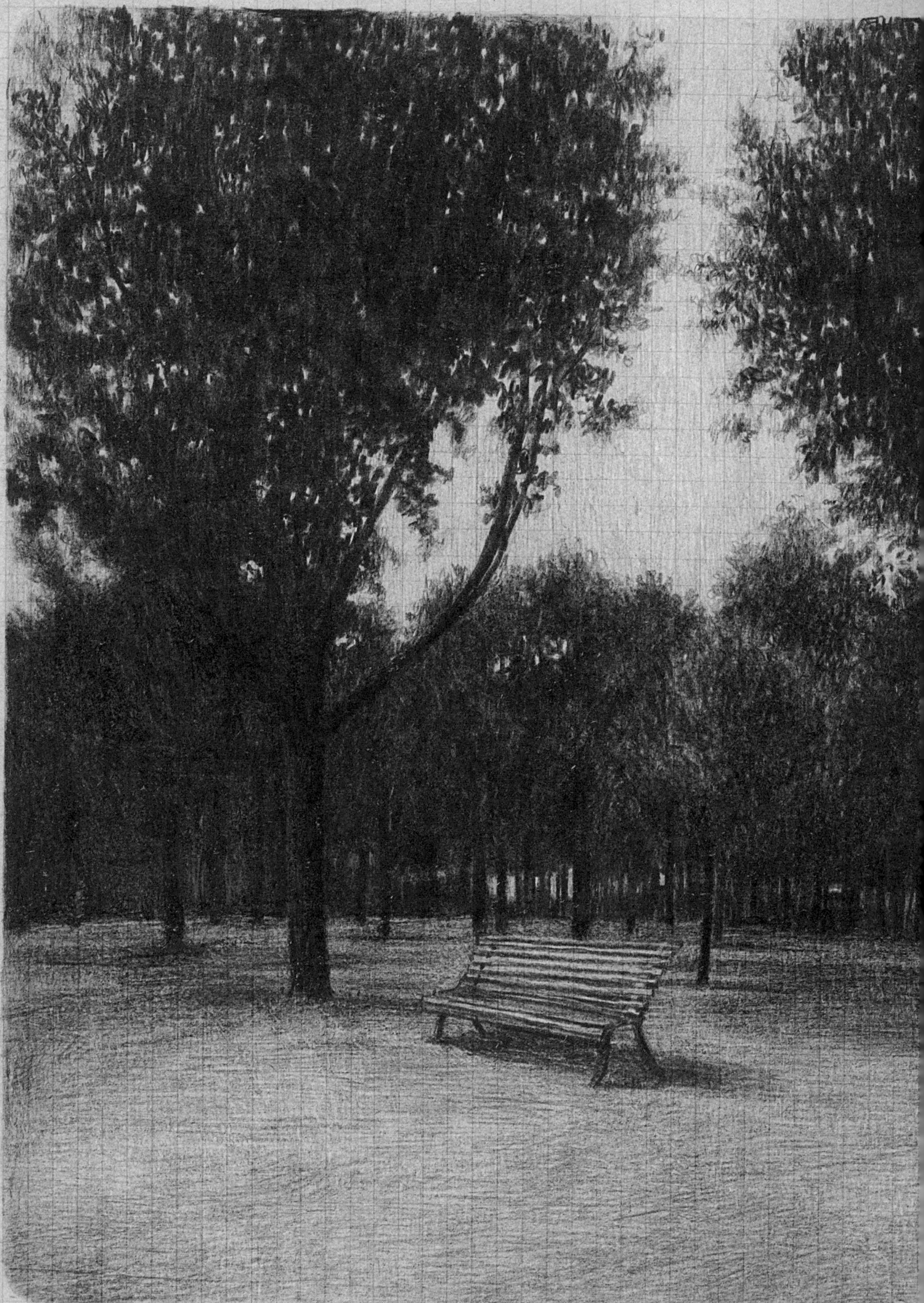

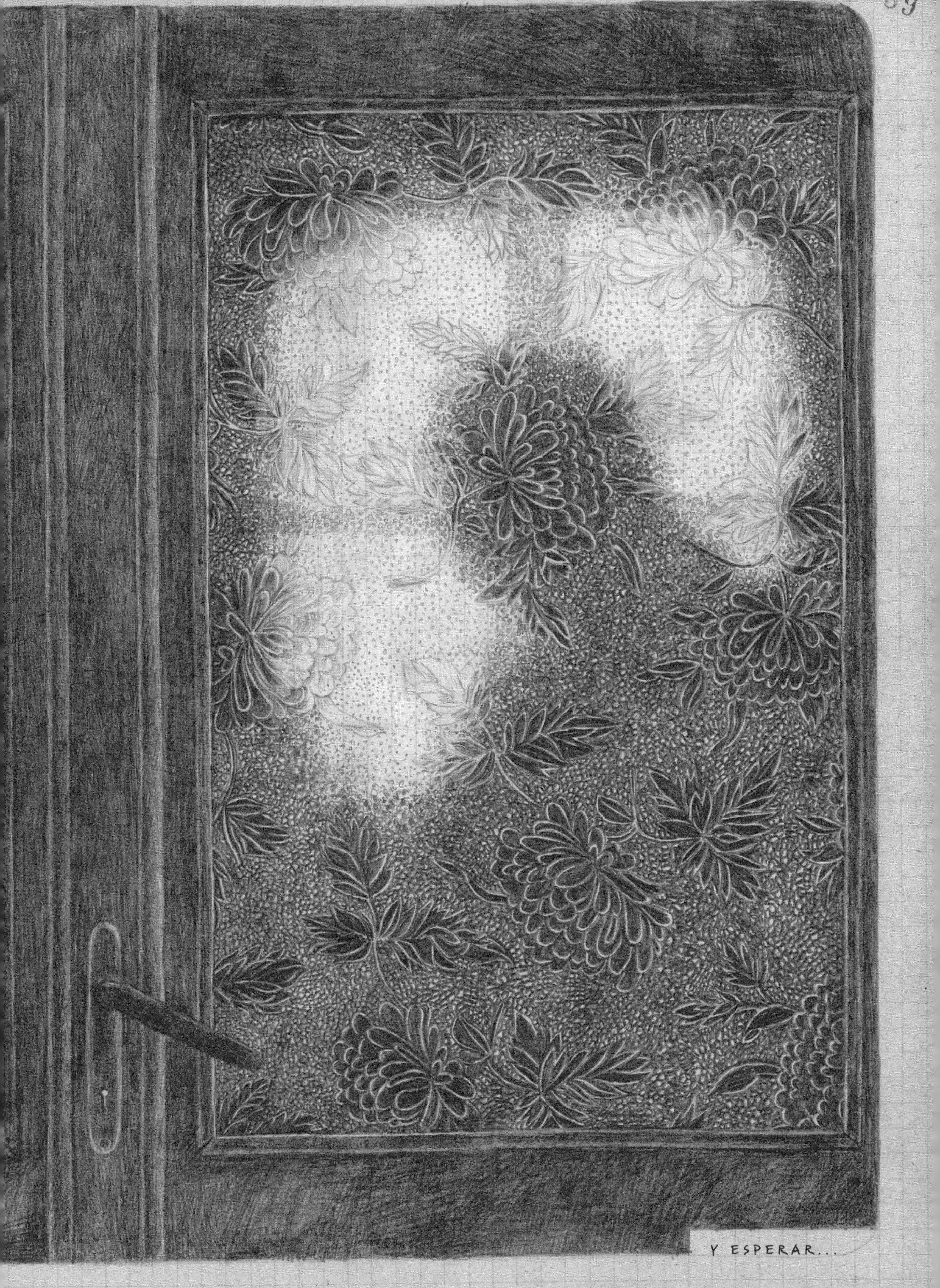

Y ESPERAR...

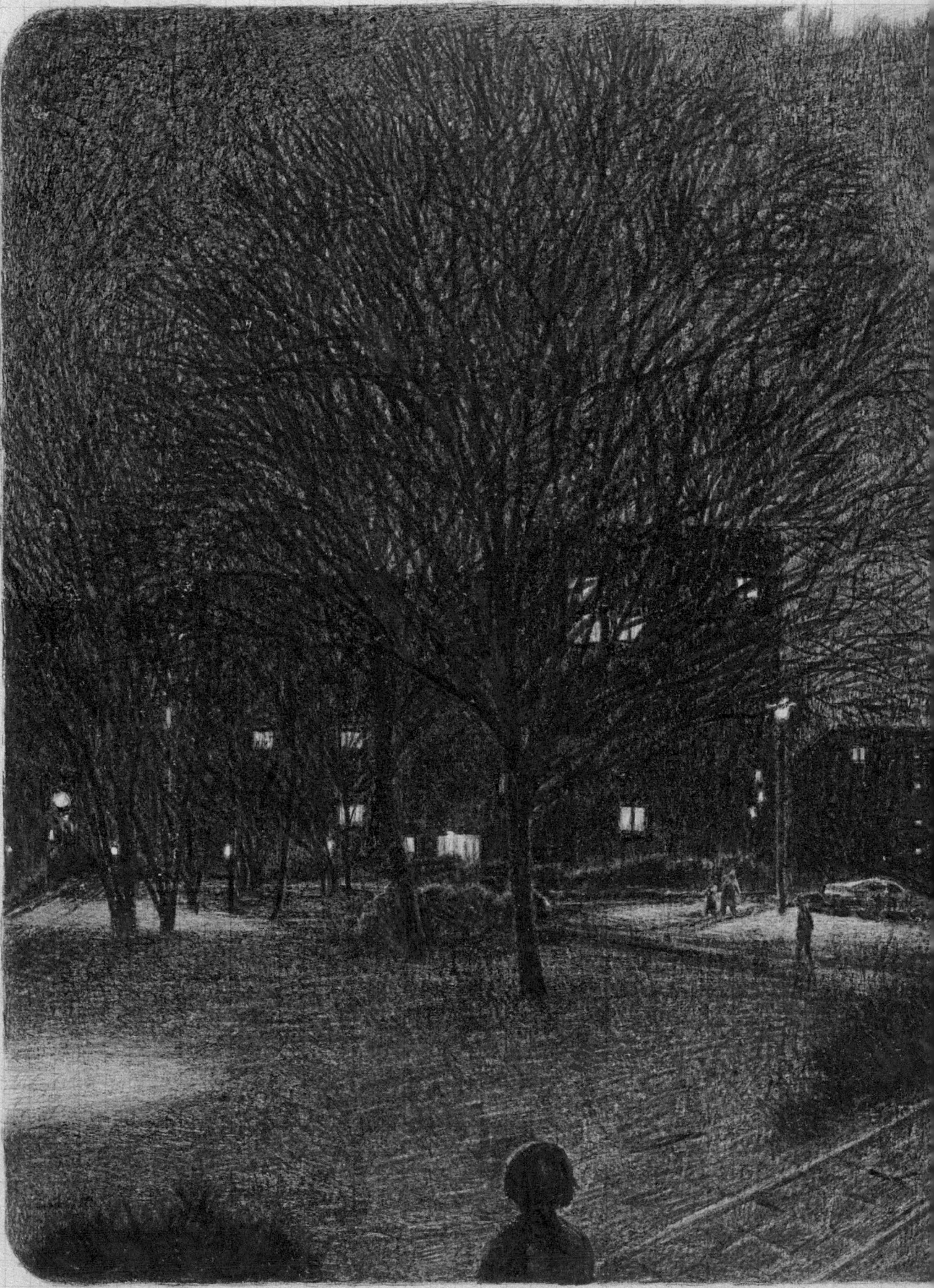

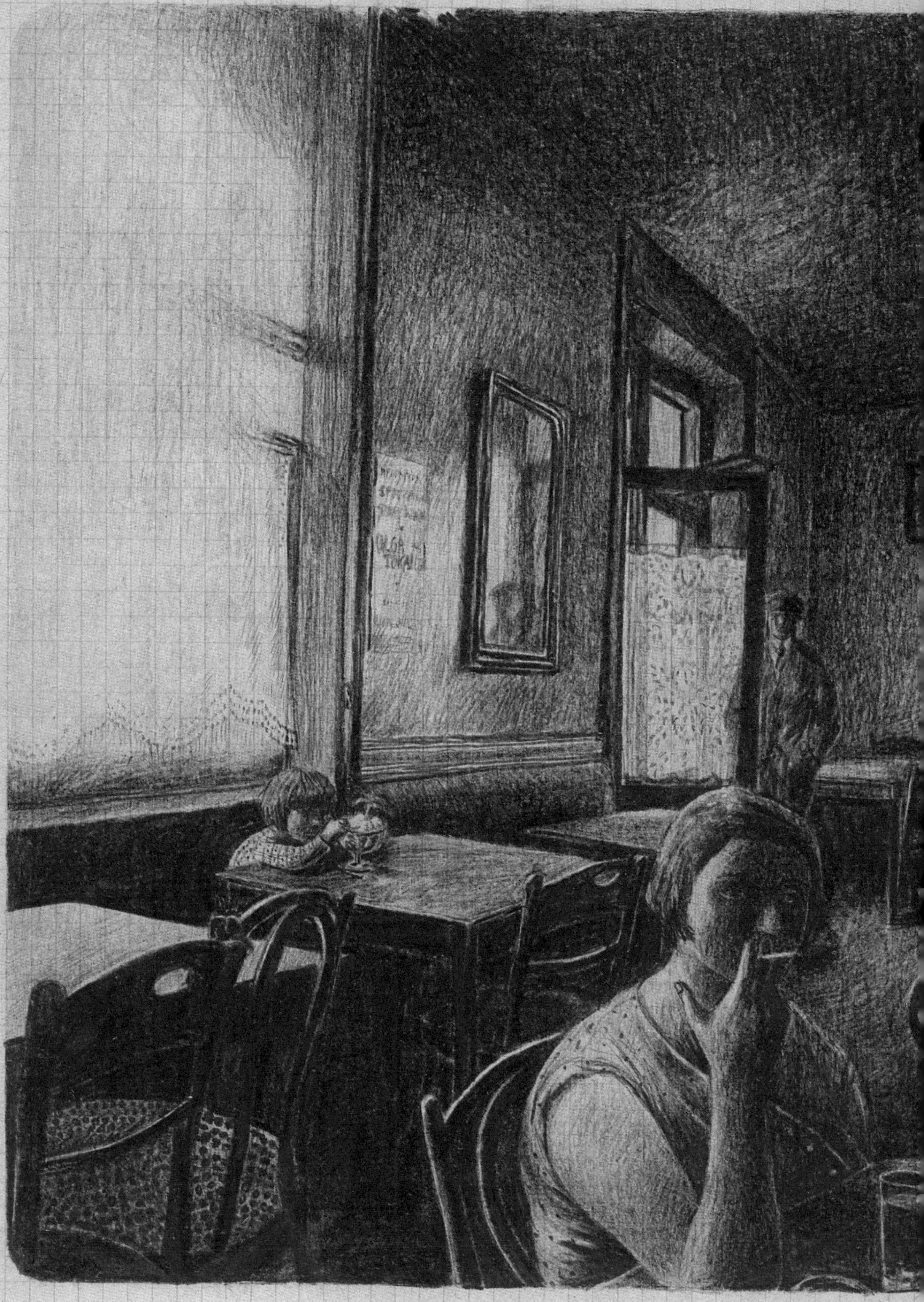

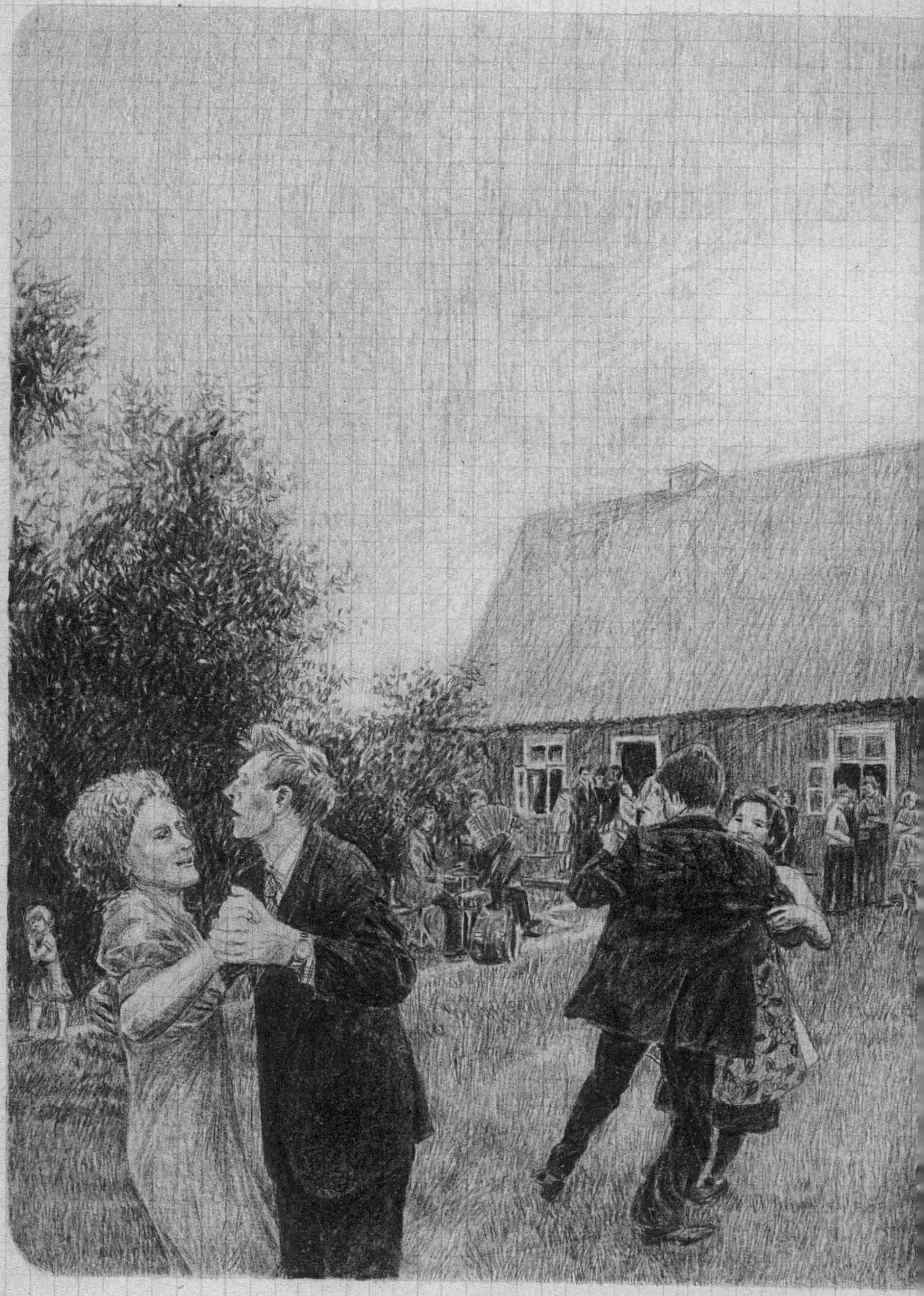

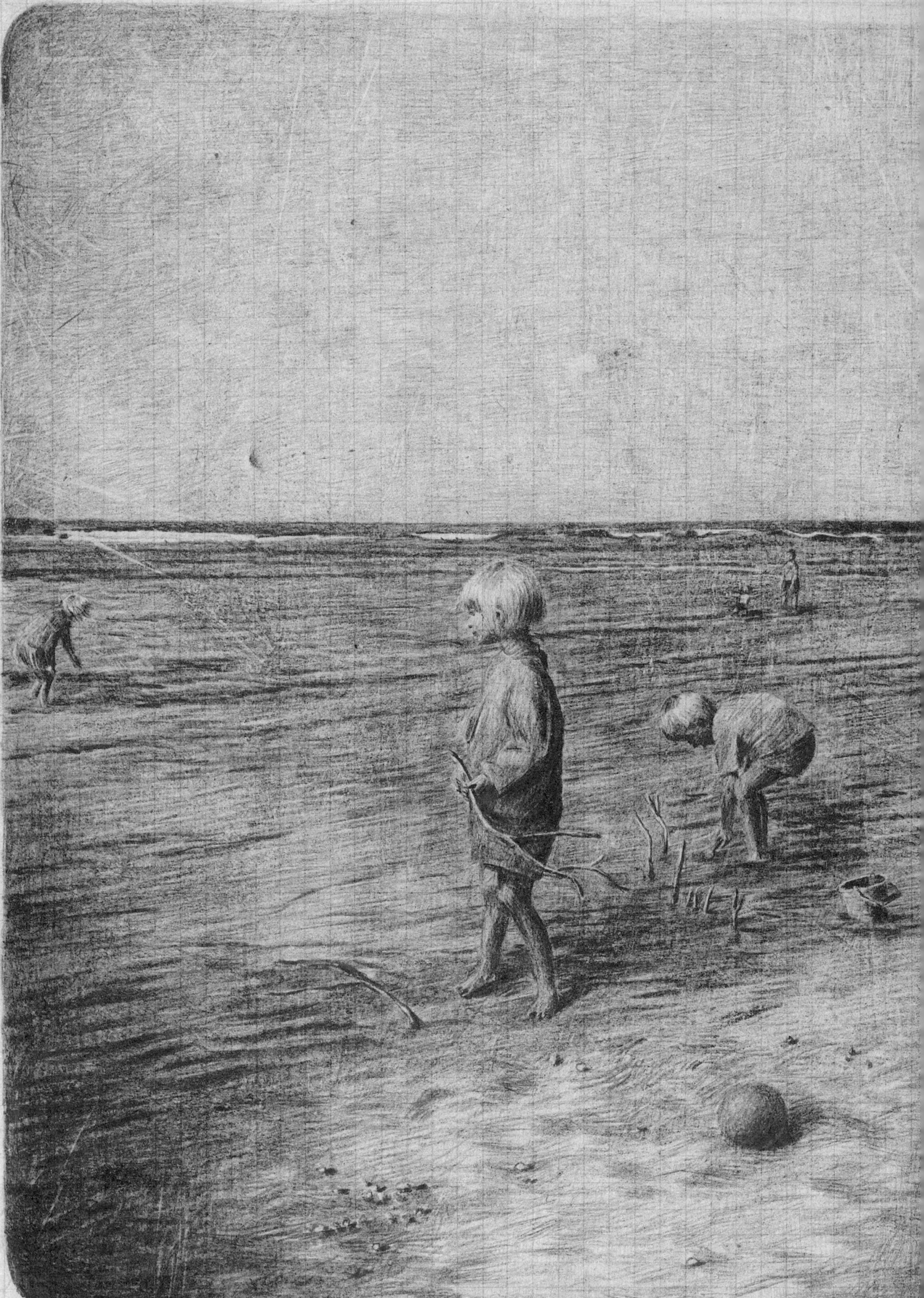

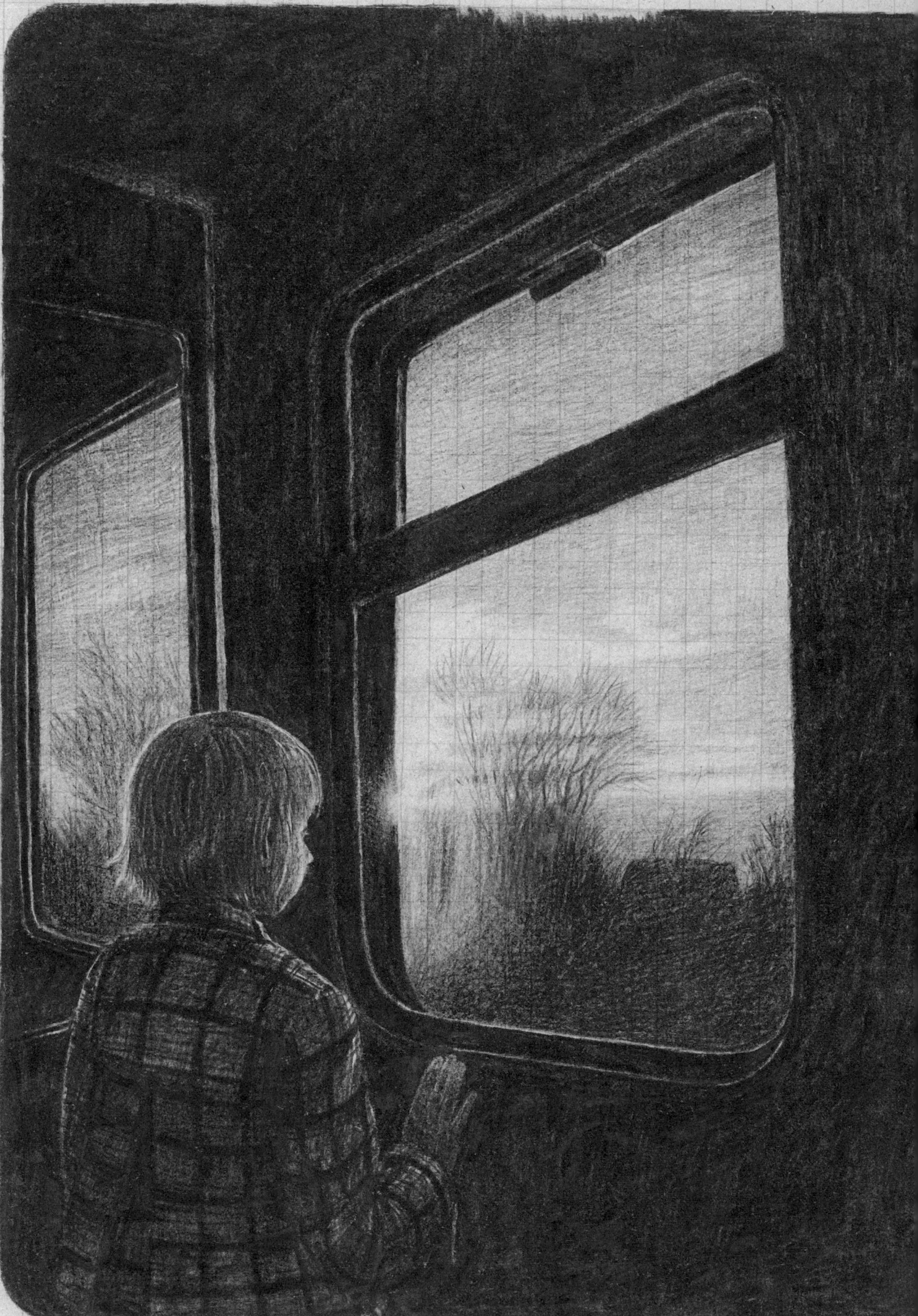

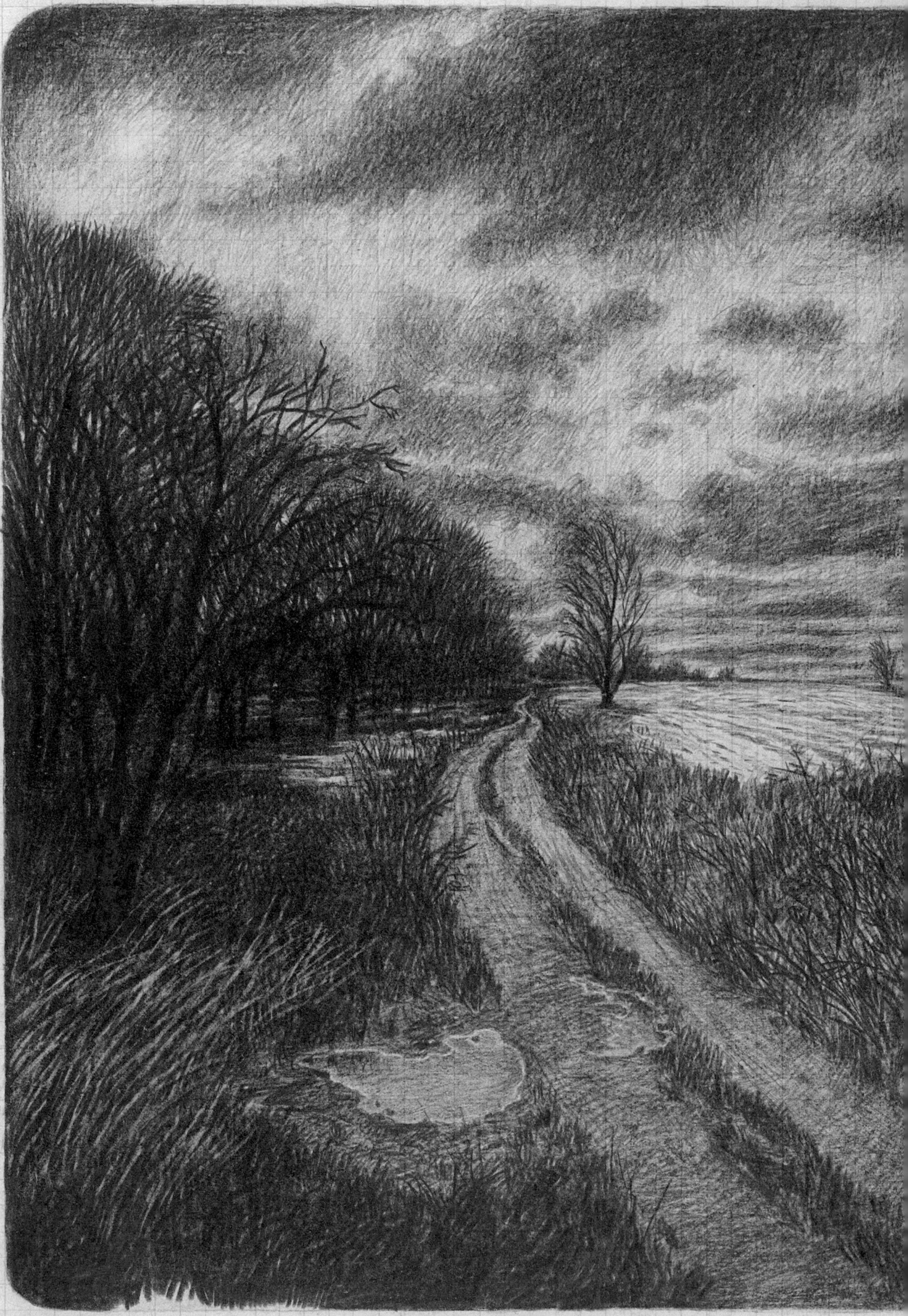

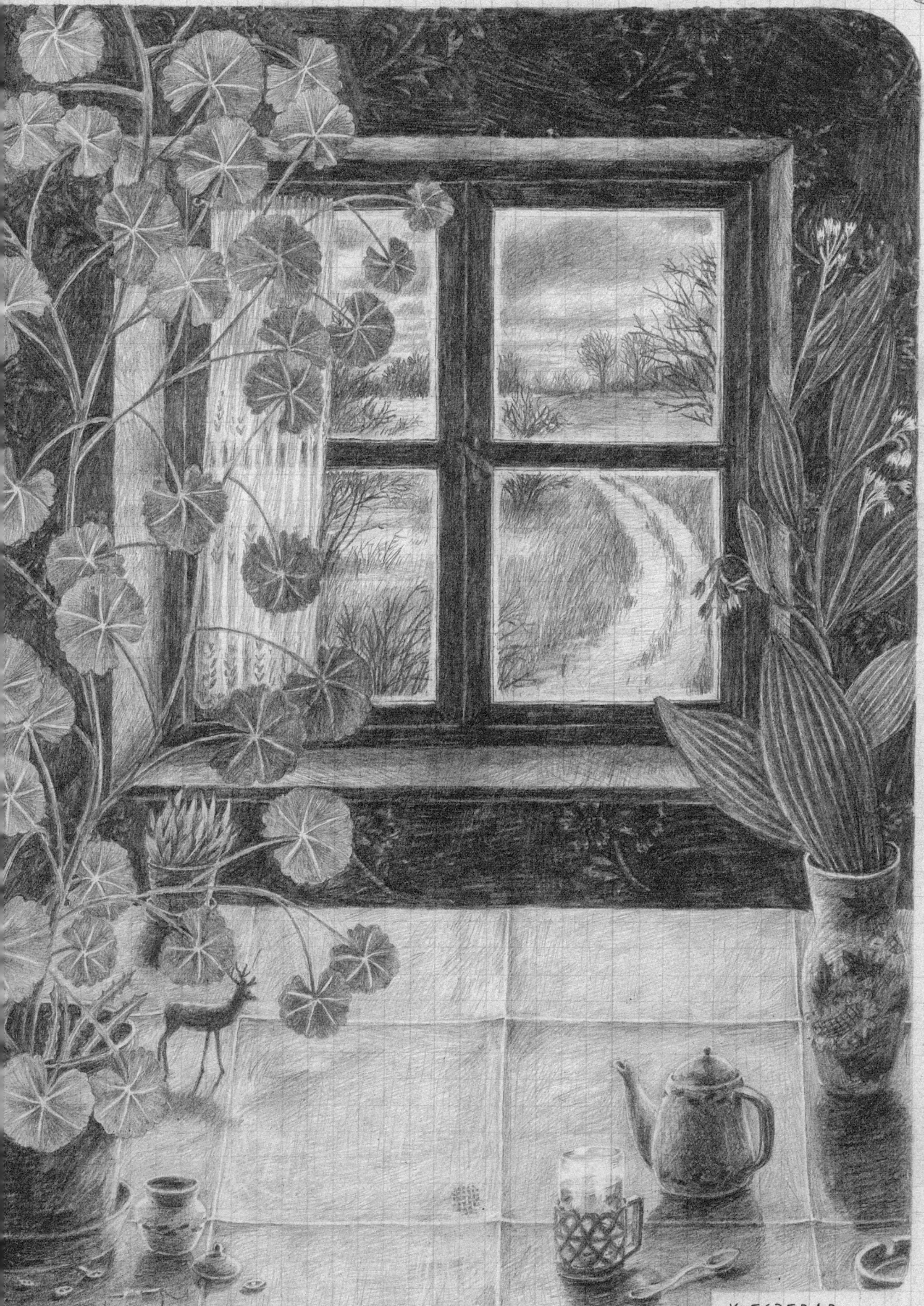

Y ESPERAR...

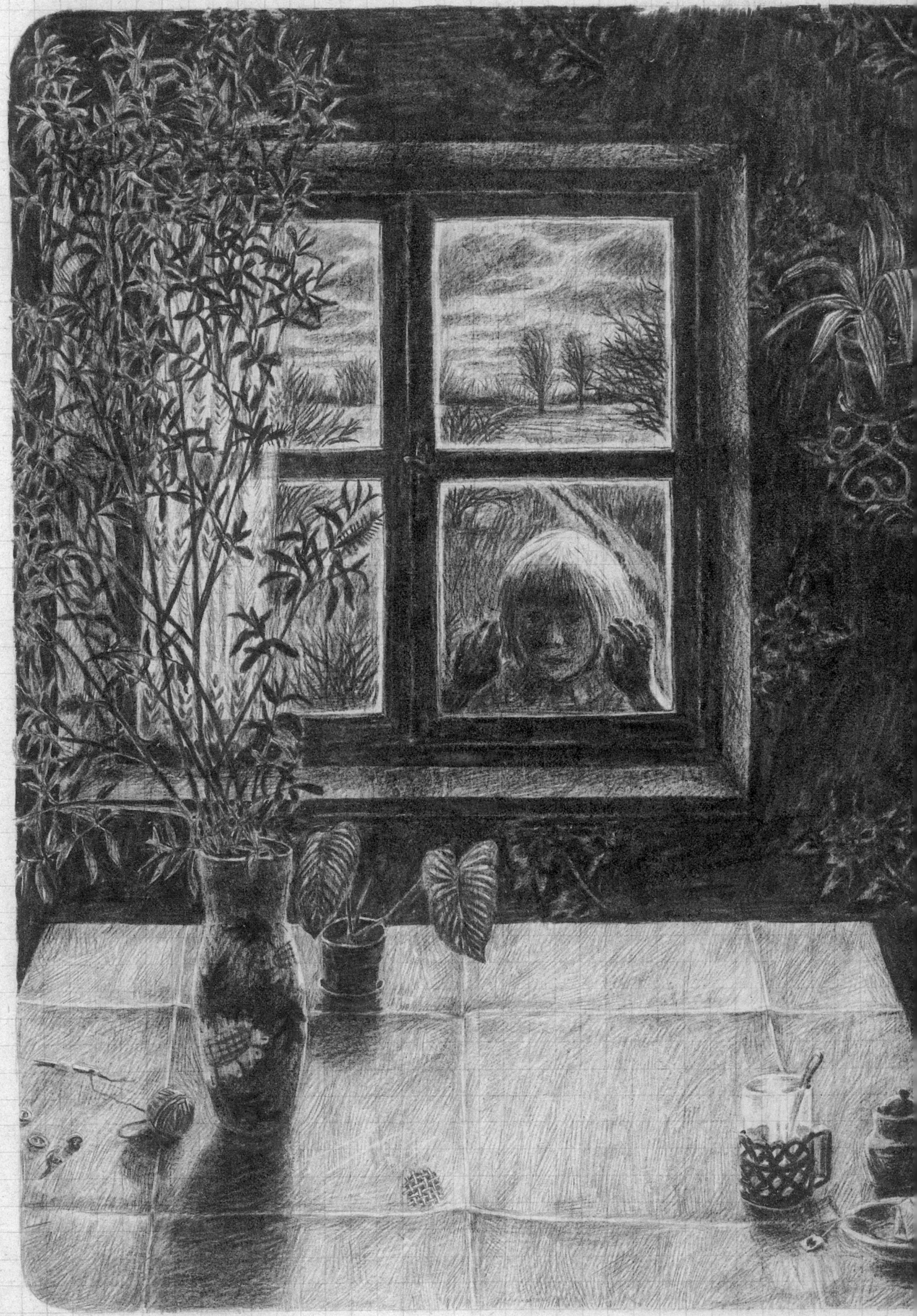

Hasta que, al final, una tarde alguien llamó a la puerta y ante él se presentó su alma perdida, cansada, sucia, llena de rasguños.

—¡Por fin! —dijo ella, resollando.

Hasta que, al final, una tarde alguien llamó a la puerta y ante él se presentó su alma perdida, cansada, sucia, llena de rasguños.

—¡Por fin! —dijo ella, resollando.

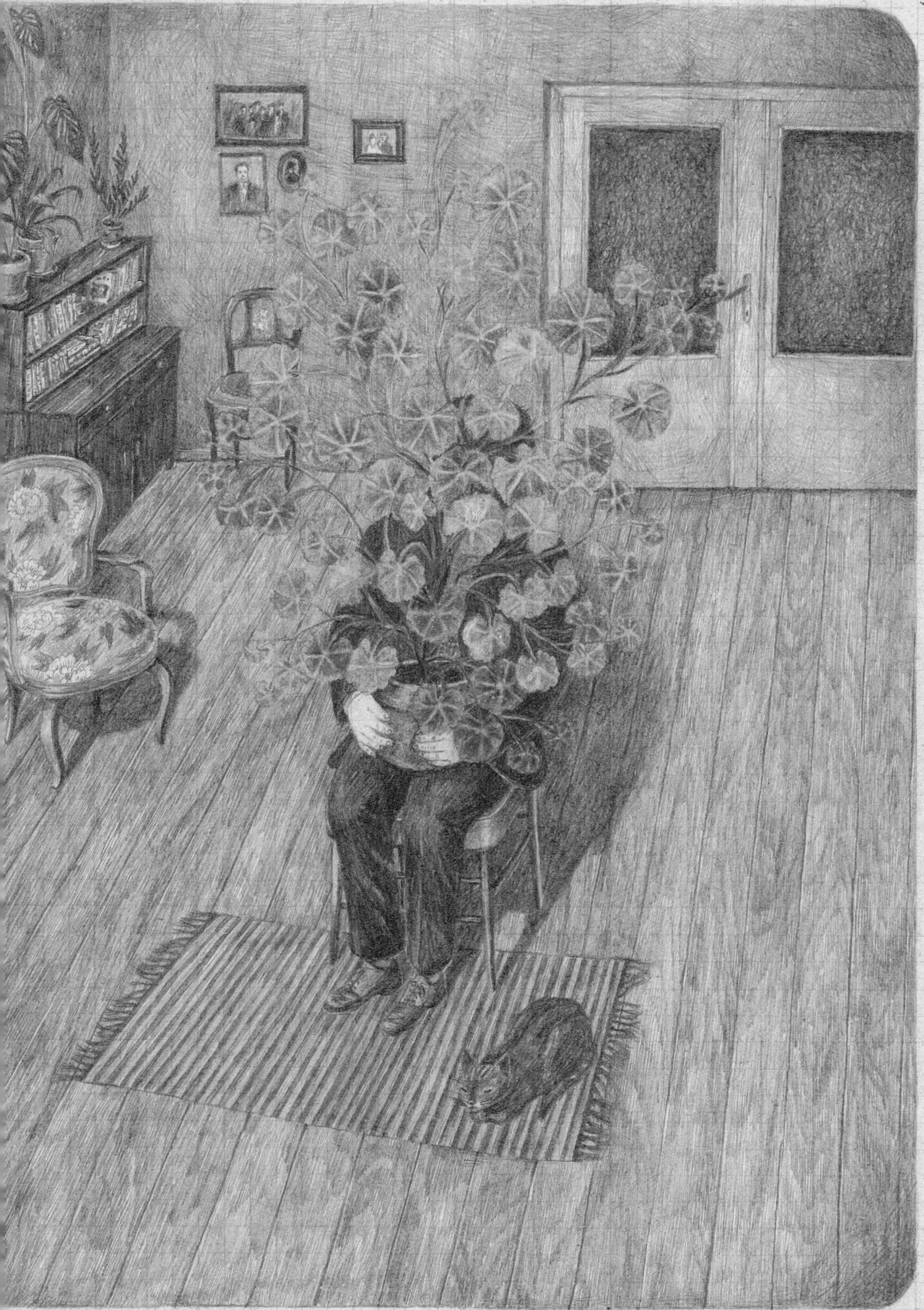

146

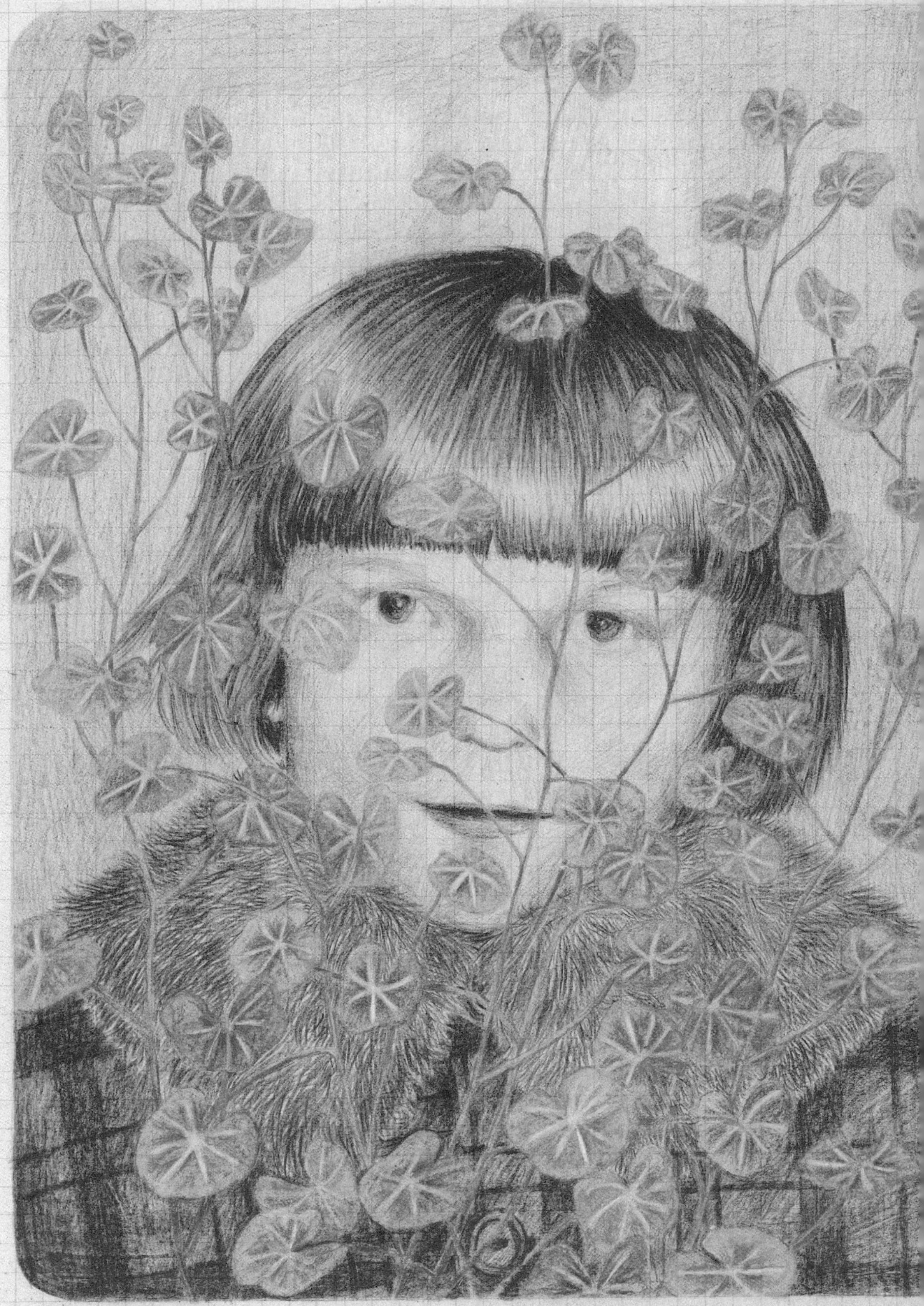

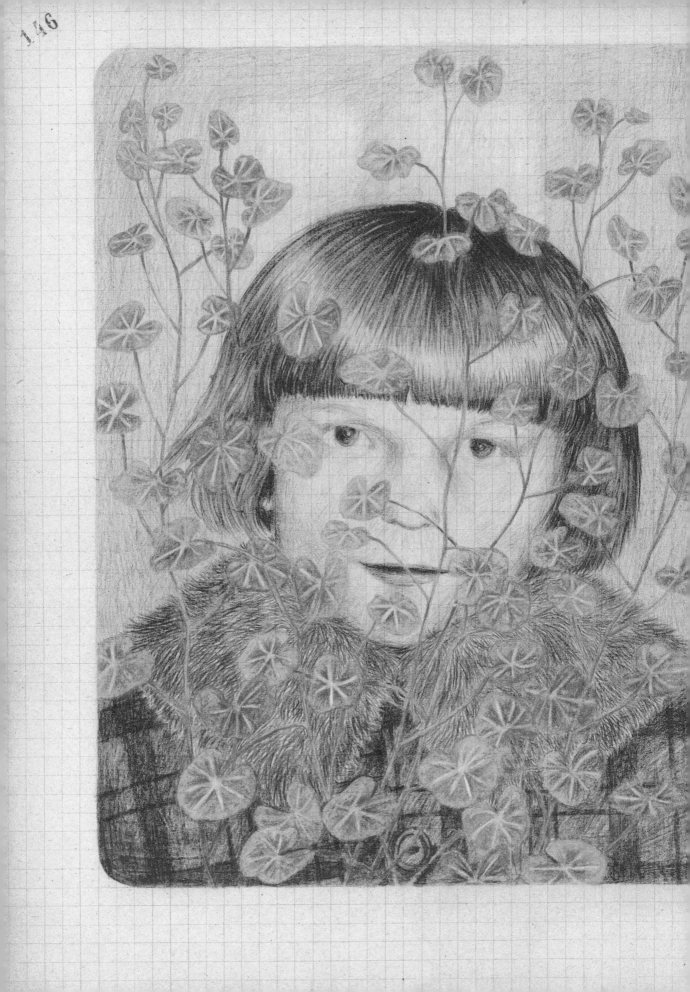

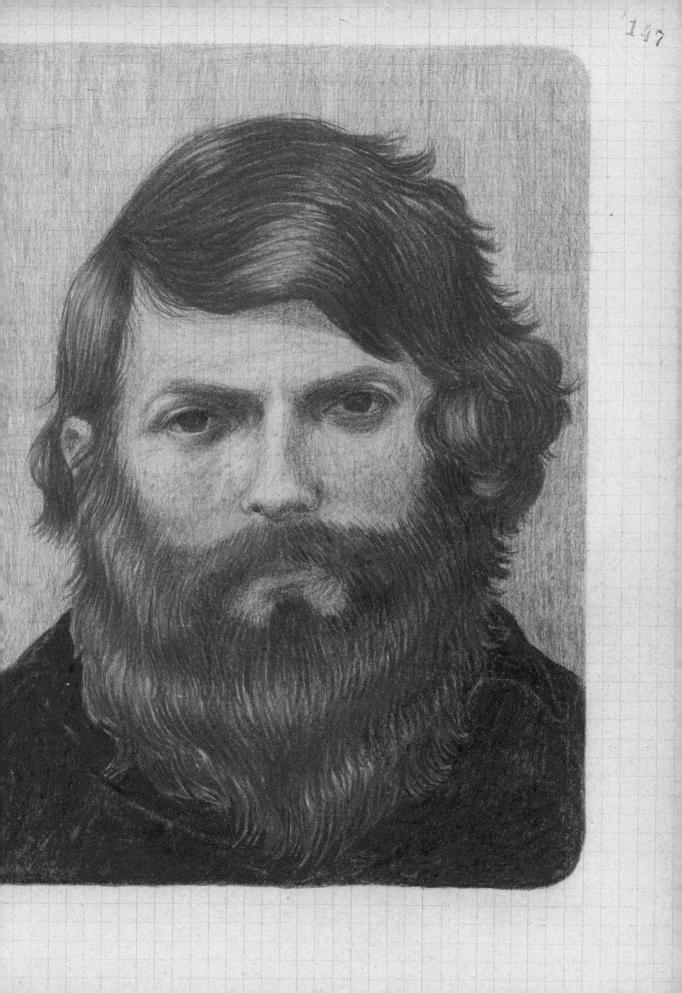

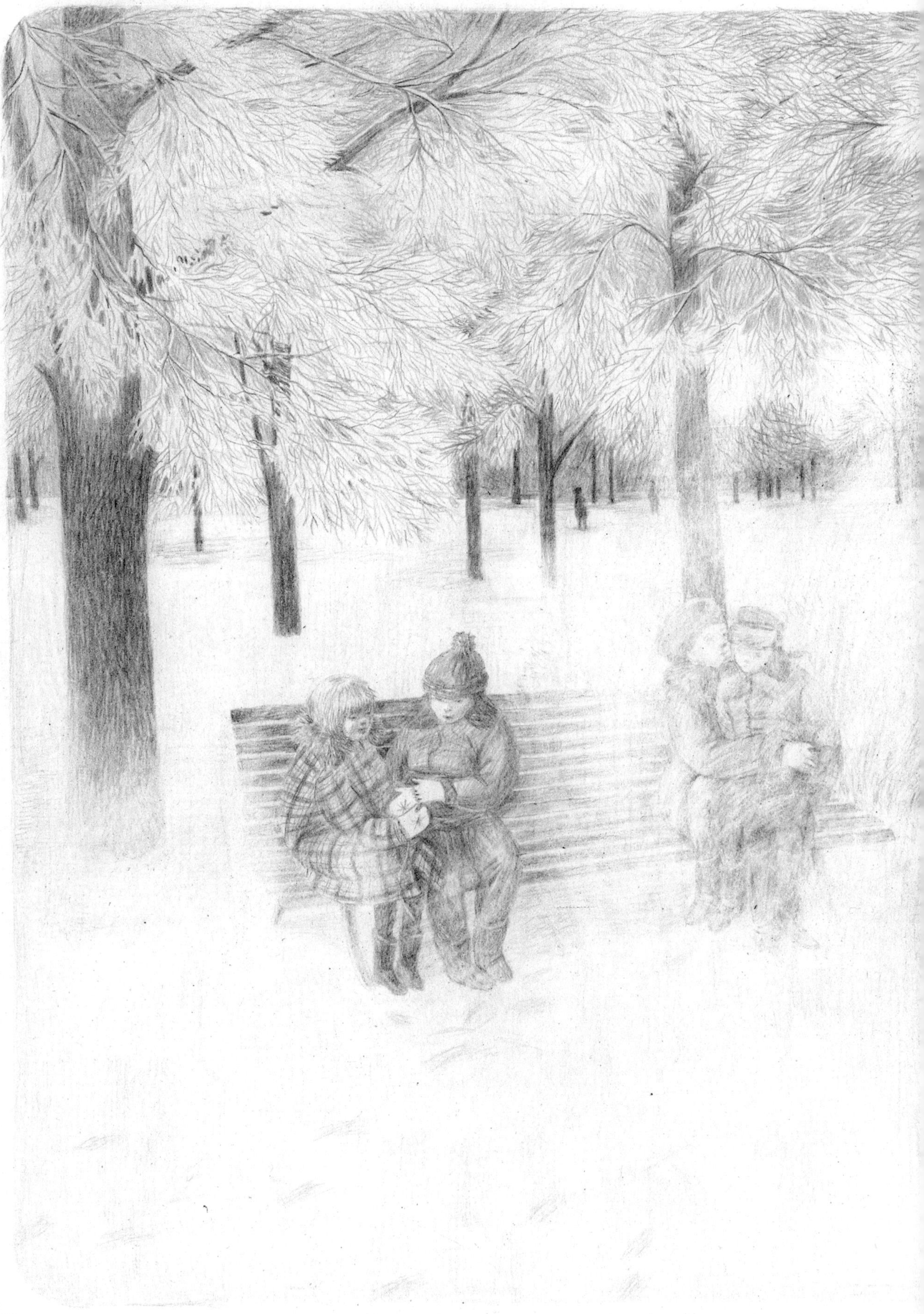

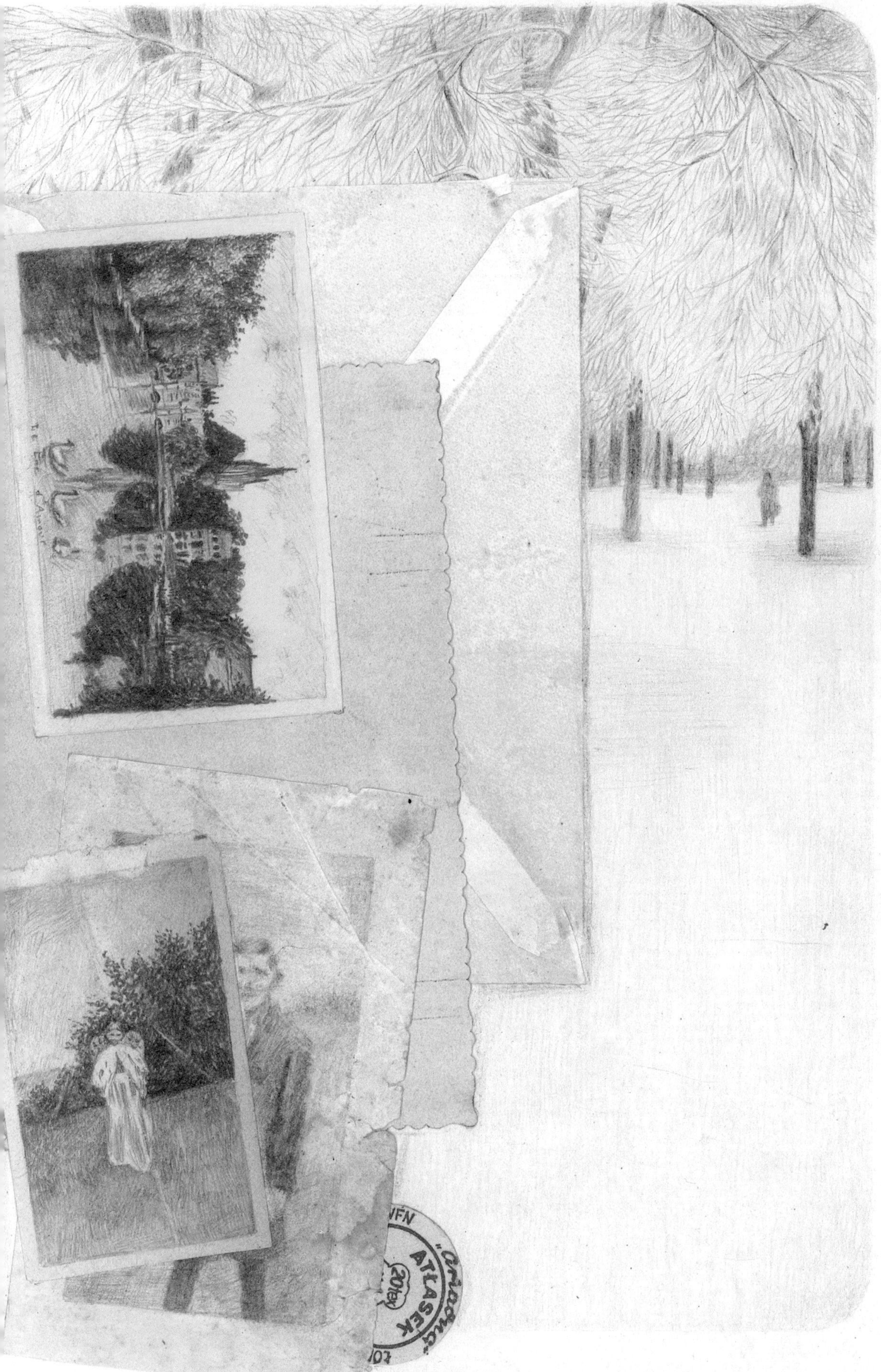

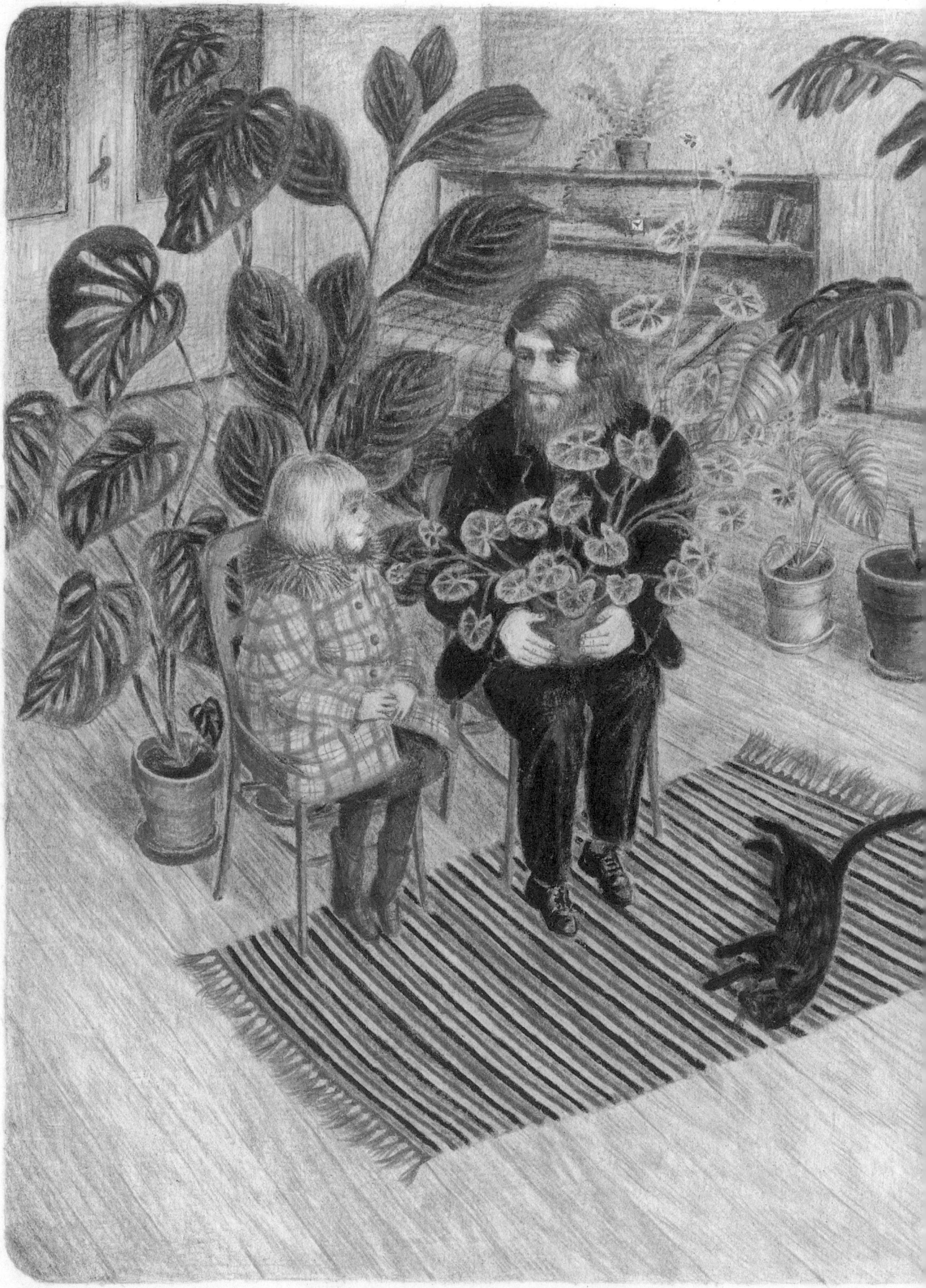

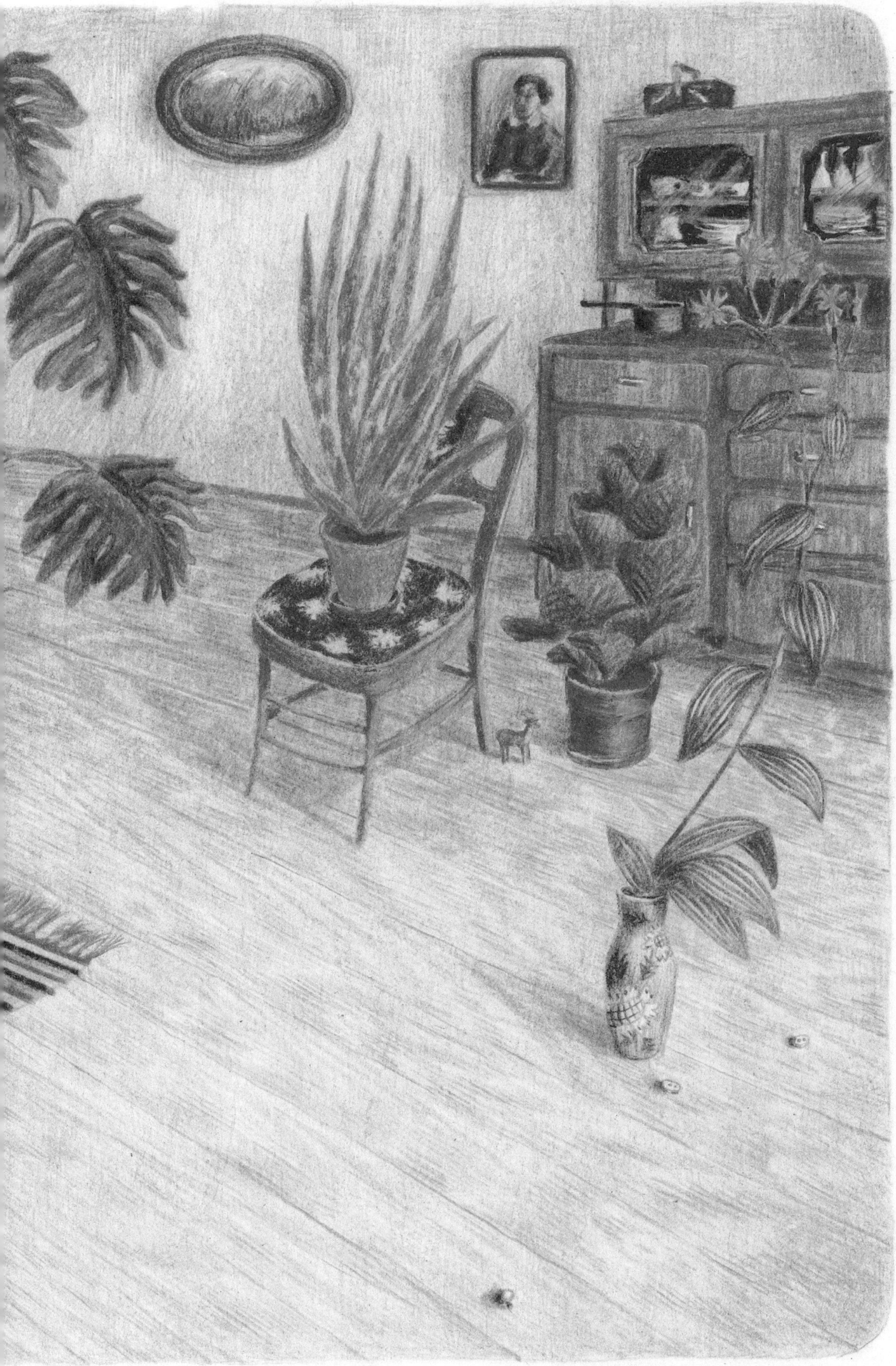

Desde aquel día vivieron muy felices, y Jan siempre procuraba no hacer las cosas demasiado aceleradamente, para que su alma pudiera seguirle el compás. Y todavía hizo otra cosa: enterró en el jardín todos sus relojes y sus maletas de viaje. De los relojes crecieron unas flores muy bonitas con forma de campana, de diferentes colores, mientras que de las maletas germinaron enormes calabazas con las que Jan se alimentó durante todos los serenos inviernos que llegaron después.

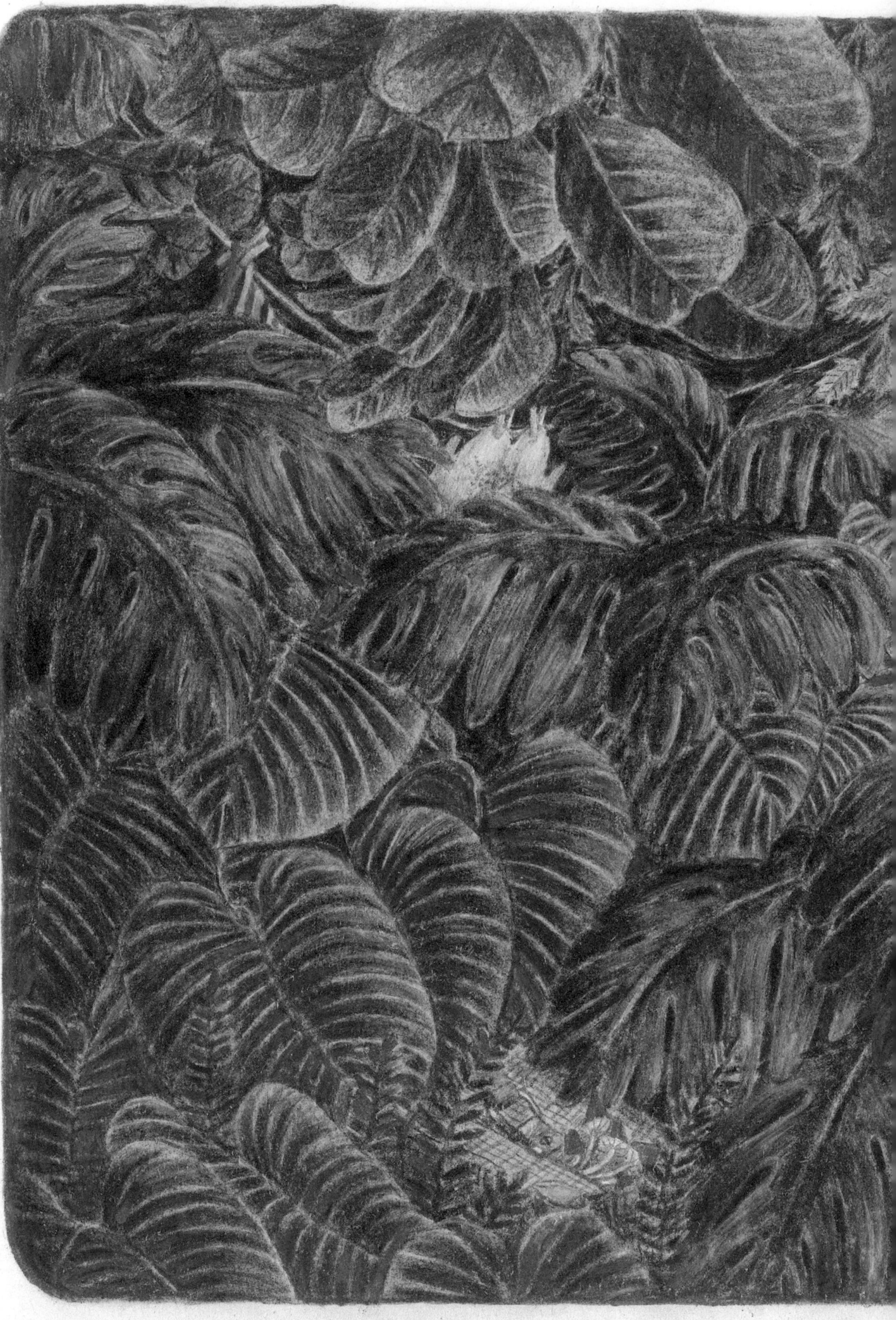

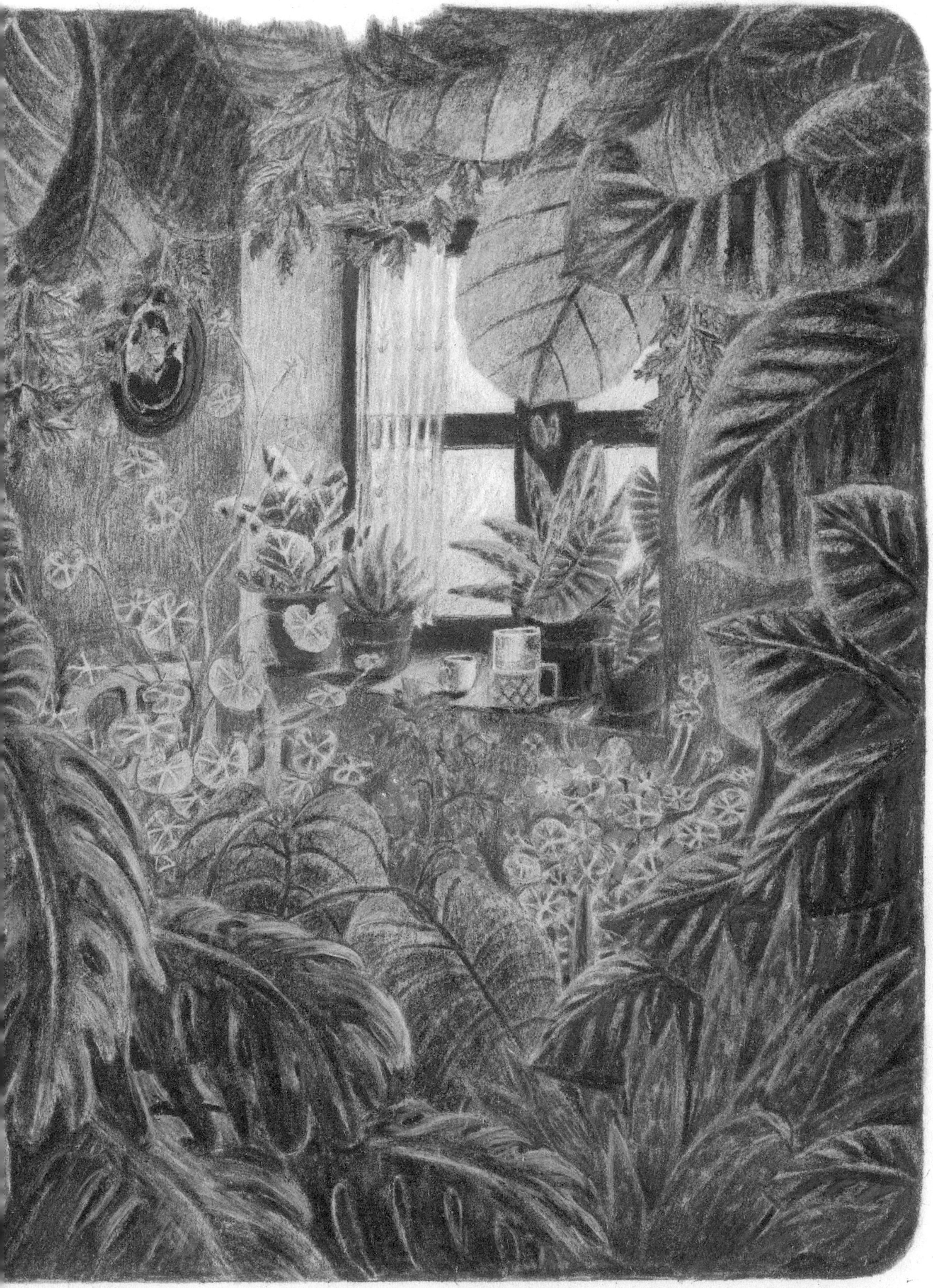

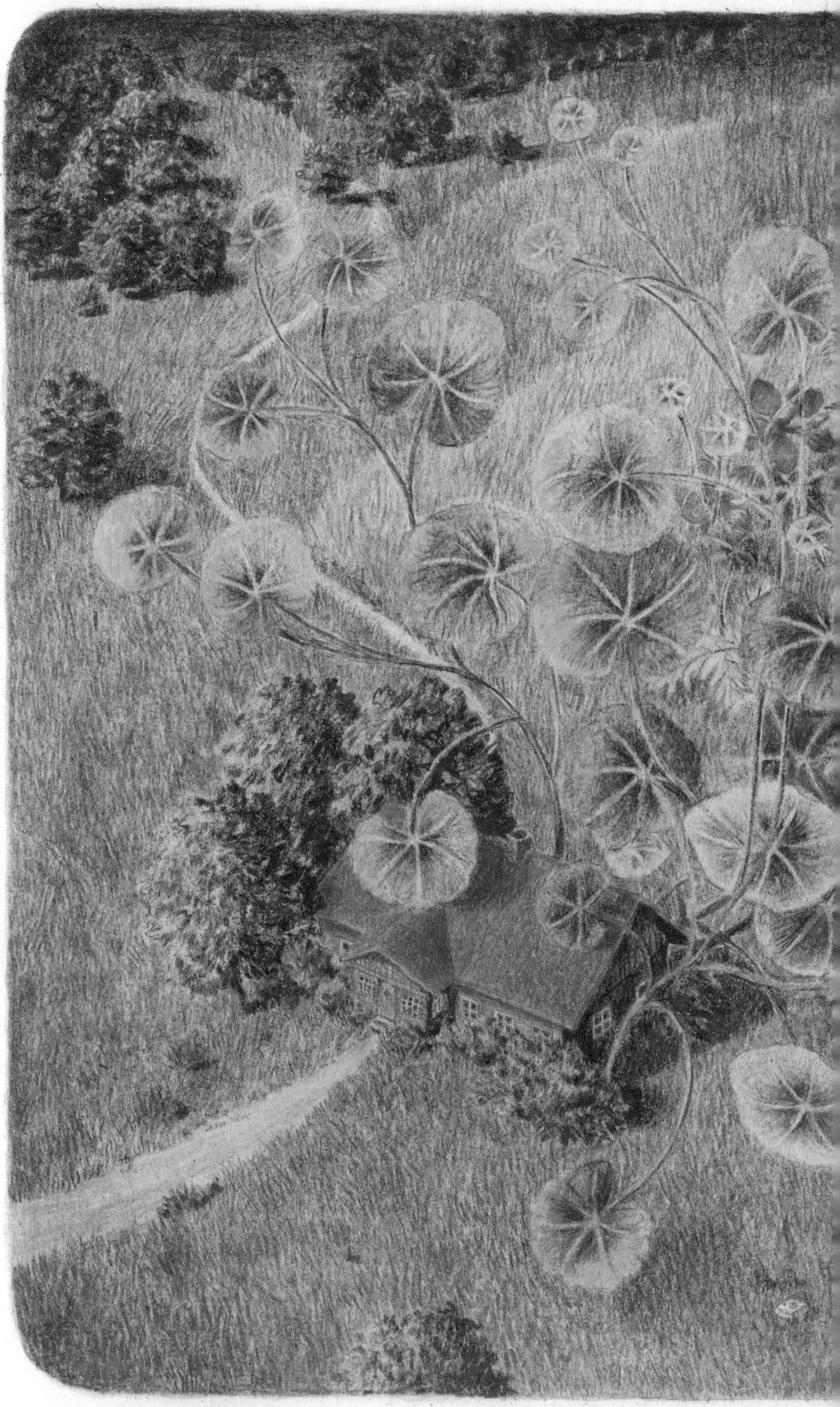

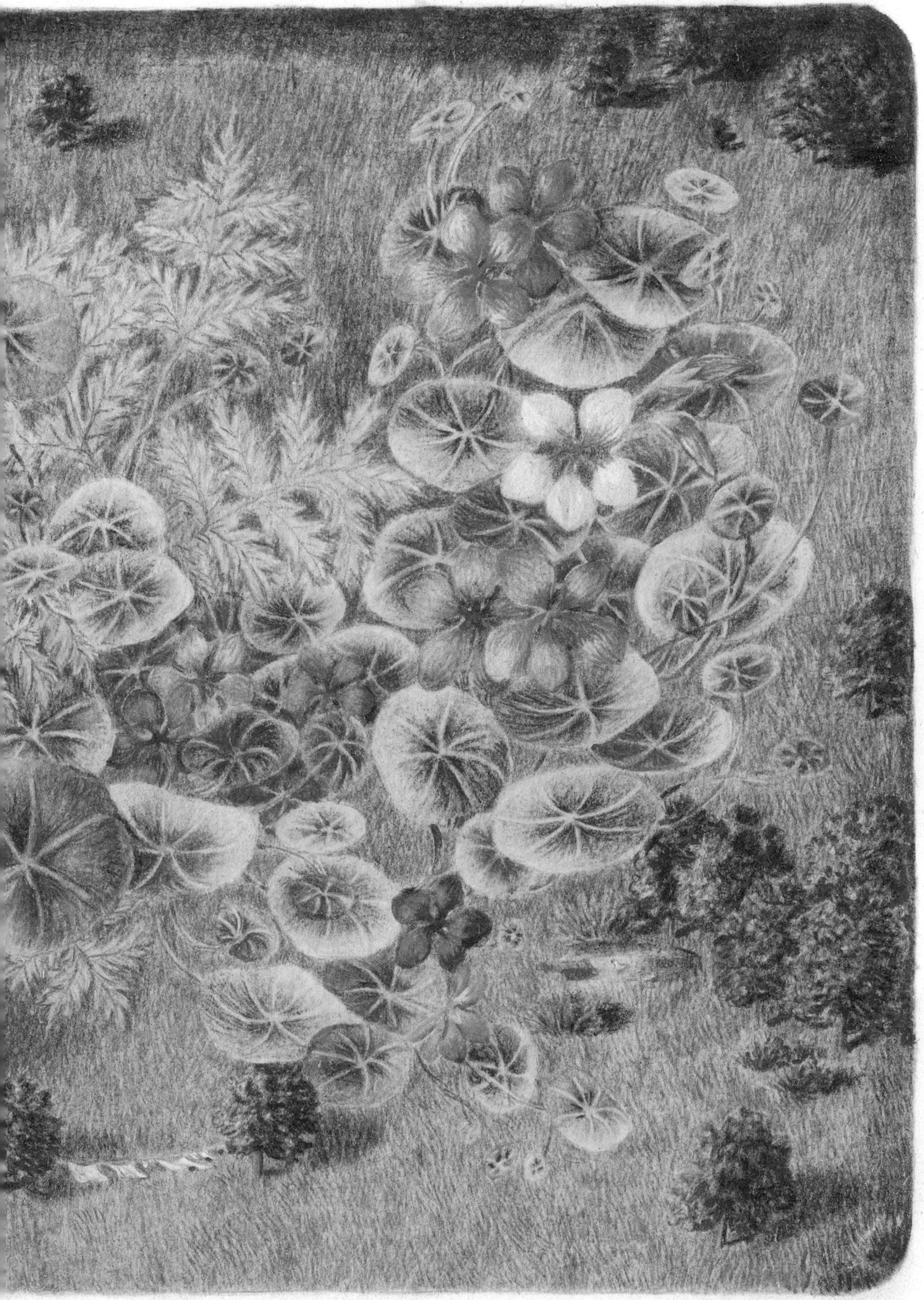

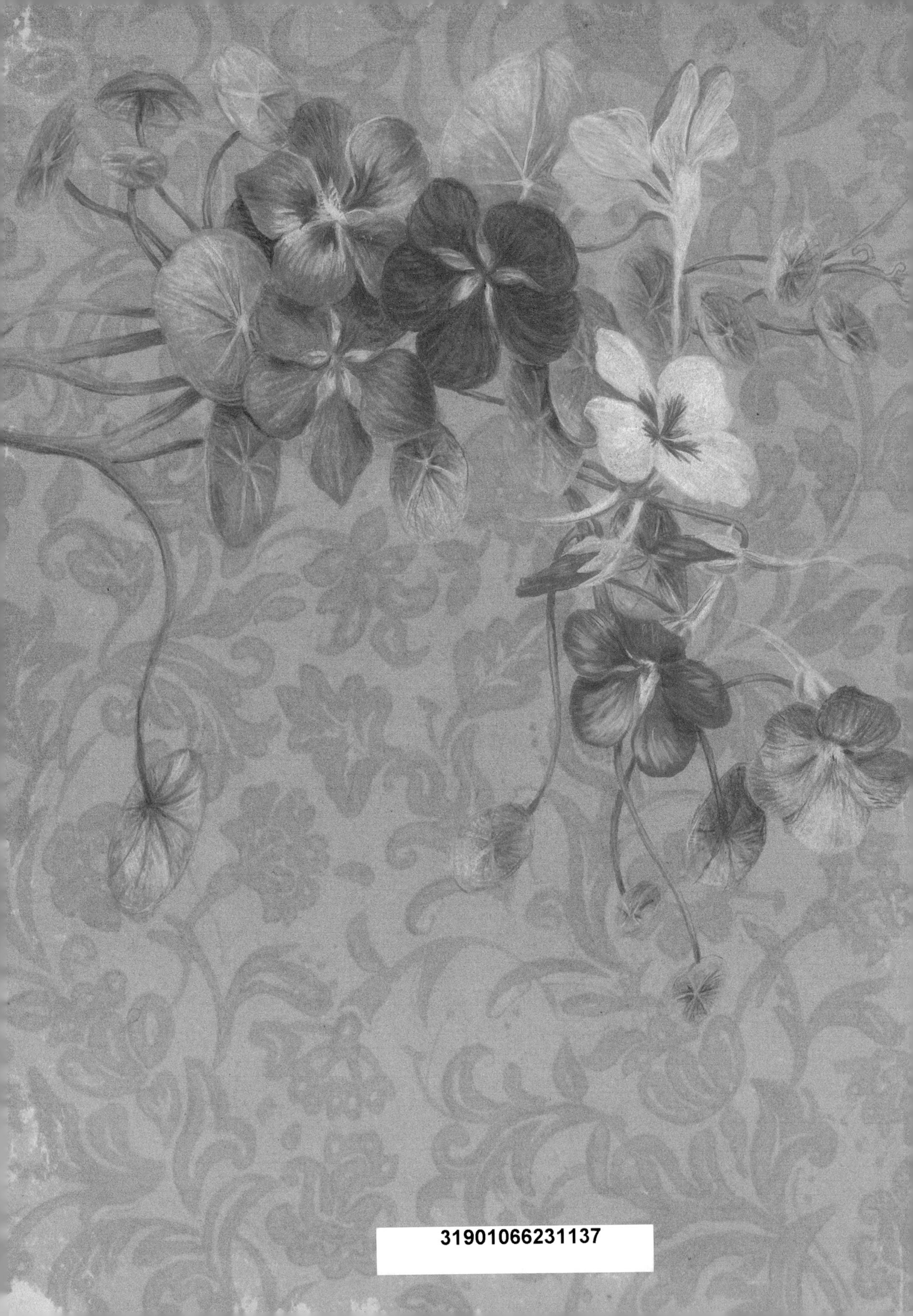